Wolfgang Hantel-Quitmann

Die Liebe, der Alltag und ich

HERDER spektrum
Band 5561

Das Buch

Wer sich verliebt, wird ein anderer Mensch: Altes wird vergessen, Neues entdeckt – es ist eine Zeit rauschhafter Gefühle: Glück, Hoffen, Bangen, Wahnsinn, Lust und Freude. Es ist eine Zeit, die alles verändern kann. Aber irgendwann, ganz langsam, geht diese Zeit vorbei. Der Alltag kehrt ein und zwingt zu Entscheidungen, Kompromissen und Verantwortung. Was tun, wenn die Leichtigkeit, die Freiheit und der Zauber der ersten Zeit plötzlich unendlich fern scheinen?
Wolfgang Hantel-Quitmann zeigt in diesem Buch, warum so viele Beziehungen in die Krise kommen, wenn die Zeit des großen Verliebtseins vorbei ist und die Tage durch Termine, Hektik und Verpflichtungen gegenüber dem Partner, Kindern, Familien, Beruf, Freunden bestimmt sind. Er erklärt, welche Faktoren unsere Gefühle bestimmen, warum wir so oft das Unmögliche wollen und darüber das Mögliche aus den Augen verlieren und zeichnet konkrete Wege auf, die aus dem Strudel von Alltagsstress im Beruf und in der Familie, von enttäuschten Hoffnungen und großen Erwartungen führen. Ein praktischer und sehr unterhaltsam zu lesender Leitfaden für Männer und Frauen, die wissen wollen, wie sie die Verrücktheit und den Glanz der verliebten Liebe in das tiefe Vertrauen und Glück der gelebten Liebe weiterentwickeln können.

Der Autor

Wolfgang Hantel-Quitmann, Dr. phil., ist Professor für Klinische Psychologie und Familienpsychologie an der Hochschule für Angewandte Wissenschaften in Hamburg. Neben seiner Hochschultätigkeit arbeitet er als Familien- und Paartherapeut und als Lehrtherapeut in der Weiterbildung für Paar- und Familientherapie. Zahlreiche Buchveröffentlichungen, zuletzt: *Liebesaffären. Zur Psychologie leidenschaftlicher Beziehungen* (2005). Der Autor im Internet: www.hantel-quitmann.de

Wolfgang Hantel-Quitmann

Die Liebe, der Alltag und ich

Partnerschaft zwischen Wunsch und Wirklichkeit

FREIBURG · BASEL · WIEN

Gedruckt auf umweltfreundlichem,
chlorfrei gebleichtem Papier

Originalausgabe

www.herder.de
Satz: Barbara Herrmann, Freiburg
Druck und Bindung: fgb · freiburger graphische betriebe 2006
www.fgb.de
Umschlaggestaltung und Konzeption:
R·M·E München, Roland Eschlbeck, Liana Tuchel
Umschlagmotiv: © Photonica
Autorenfoto: privat
ISBN-13: 978-3-451-5561-4
ISBN-10: 3-451-5561-9

Inhalt

Die Liebe, der Alltag und ich

Rot ist die Liebe, grau der Alltag?

Zur Einführung

Liebe zwischen den Eltern erzeugt Liebe zu den Kindern. Gelegentlich hört man von Eltern, deren große Liebe zueinander jede andere Liebe in der Familie erstickt, so dass für die Kinder nur noch Reste übrig sind. Aber dieses ökonomische Nullsummenkonzept von Liebe ergibt wenig Sinn. Das Gegenteil scheint wahr: Je mehr jemand liebt, desto mehr reagiert er auf Kinder, auf alle anderen, liebevoll.

Irvin Yalom
Die Schopenhauer-Kur

Verliebte Menschen haben wärmere Hände und Füße, fühlen sich aktiver, brauchen weniger Schlaf, haben weniger Appetit und nehmen an Gewicht ab. Sie erscheinen allem Irdischen sonderbar entrückt und haben unser tiefstes Mitgefühl. Sie sind die Harlekine der Liebe, werden belächelt und beneidet, und sie genießen ihre Narrenfreiheit. Während wir sie neidvoll betrachten, wie sie turtelnd und gurrend durch die Straßen ziehen, die Diskotheken bevölkern und dabei ihre Liebe offen zeigen, wissen wir wehmütig, dass dies alles irgendwann, vielleicht schon bald, vorbei sein wird und dass dieselben Menschen dann in der Realität des Alltags ankommen werden.

Dann werden sie sich streiten, werden Konflikte über banale Alltagsfragen haben, sich vielleicht sogar hasserfüllt anblicken, sich aus dem Weg gehen, Stress miteinander haben und vielleicht werden sie sich eines Tages wieder trennen, weil sie sich das so alles nicht vorgestellt hatten. Sie hatten einst Träume, sie sahen im anderen Menschen einen idealen Partner, sie wollten die Welt aus den Angeln heben und jetzt schaffen sie nicht einmal die Zeit von Dienstag bis Donnerstag ohne kleinliche Beziehungsprobleme. Rot ist die Liebe, grau der Alltag?

Was ist aus ihrer einstmals grenzenlosen Verliebtheit geworden? Ist die verliebte Liebe einen langsamen, aber unausweichlichen Tod in den Armen des Alltags gestorben? Müssen sich Verliebte von einem Teil ihrer Liebe, von tiefen Wünschen und Sehnsüchten verabschieden, wenn sie ihre Paarbeziehung im Alltag weiter lebenwollen? Oder erfährt ihre verliebte Liebe nur eine Wandlung in eine andere Form der Liebe, vielleicht sogar eine reifere?

Warum ist der Übergang von der verliebten zur gelebten Liebe so schwer? Und wenn er scheitert, liegt es dann am falschen Partner, an der Paarbeziehung oder an der Liebe? War die Liebe dann nicht ausreichend? Wie kann man sich vor solchen Bauchlandungen in der Wirklichkeit schützen? Welche Rolle spielen dabei unsere Ideale von der Liebe? Kann man sich auf die Liebe im Alltag vorbereiten? Unendlich viele Fragen drängen sich auf, und einige davon will ich versuchen zu beantworten.

Bei der Bearbeitung dieser Fragen gehe ich – mit den Liebenden – den Weg von der verliebten zur gelebten Liebe. Am Anfang steht die Sehnsucht nach der großen Liebe (1). Gibt es in unseren Köpfen bereits Beziehungsideale und Idealbeziehungen, noch bevor wir eine große Liebe treffen und wenn ja, welche Auswirkungen haben sie auf die Gestaltung einer Liebesbeziehung (2)? Die Liebe im Alltag besteht aus der emotionalen Nähe und Intimität eines Paares (3), aus wiederholten Konflikten, Kommunikationsproblemen und Stress (4), aus einer gemeinsamen Sexualität, die scheinbar zwangsläufig den Weg von der leidenschaftlichen zur routinierten Sexualität geht (5) und immer mehr aus Liebesaffären, die zur Ausstiegsvariante Nummer Eins geworden sind (6). Was können die Partner angesichts dieser Probleme mit der Liebe im Alltag tun? Was können Männer tun, damit sich ihre Frauen nicht trennen (7)? Was können Frauen zum Erhalt ihrer Partnerschaft beitragen (8)? Wie kann die Liebe im Alltag gelebt und erhalten werden (9)? Und wie kann der Übergang von der verliebten zur gelebten Liebe letztlich gestaltet werden, wie kann man den Herausforderungen der

Liebe begegnen (10)? Und wie kann nach dem Scheitern einer Partnerschaft eine neue Liebe gefunden und gehalten werden? Wird die alte Paarbeziehung zur Hypothek für die Zukunft oder kann aus alten Fehlern gelernt werden (11)?

Ein herzlicher Dank gilt meiner Frau Susanne für ihre geduldigen Diskussionen und fachlichen Ratschläge bei der Fertigstellung dieses Buches. Ihre Meinung ist mir besonders wichtig, denn sie arbeitet nicht nur als Paar- und Sexualtherapeutin, sondern lebt mit mir seit mehr als 30 Jahren in einer Paarbeziehung – voller gelebter Liebe in einem Alltag mit vier Kindern.

Einen großen Teil dieses kleinen Buches habe ich in Italien und an der Côte d'Azur in Südfrankreich geschrieben. Ich hoffe, dass die Wärme und die Helligkeit der mediterranen Sonne etwas abstrahlt auf die Leserinnen und Leser, die Partnerinnen und Partner, die Verliebten und die Liebenden. Denn davon kann man bei aller Liebe nie genug bekommen.

St. Aygulf im Juli 2005

Wolfgang Hantel-Quitmann

Die Liebe

1. Die zwei Hälften einer Kugel

Die Sehnsucht nach der großen Liebe

Die Idee der großen Liebe zwischen zwei Menschen hält sich hartnäckig gegen jede Überprüfung durch die Wirklichkeit, die Statistik und das rationale Denken. Fast hat es den Anschein, als sei diese Idee so erhaben, das ihr die banale Realität nichts anhaben kann. Sie überdauert jede frustrierende Wirklichkeit, lässt Frühlingsgefühle im tiefsten Winter aufkommen und geht einfach in die Phantasie, wenn die Realität das Träumen lächerlich macht. Ihre Basis sind auch nicht die Beziehungsrealitäten der Millionen Paare dieser Welt, sondern deren Sehnsüchte. Diese Sehnsucht nach Liebe ist wahrscheinlich die stärkste Idee des Menschen schlechthin.

Die Liebessehnsucht steht am Anfang jeder Liebesbeziehung. Noch bevor wir einen Menschen kennen und lieben lernen, haben wir ein inneres Bild von ihm oder ihr, nicht als Person, aber als umfassende Antwort auf unsere tiefsten Wünsche. Wir scheinen zu wissen oder besser zu fühlen, wie diese Liebesbeziehung sein sollte, wir haben ein inneres Traumbild von ihr. Wir kennen sie manchmal aus vorherigen Erfahrungen, wir kennen sie in Teilen, wir haben sie vielleicht in ihren verschiedenen Erscheinungsformen schon einmal erlebt, aber als ganze, einheitliche, alle Formen der Liebe enthaltende und sie dennoch übersteigende Erfahrung besteht sie nur in unserer Sehnsucht. Dort ist Liebe sowohl Nähe, Verschmelzung, Erotik, Zärtlichkeit, als auch Sexualität, Sorge, Bindung, Intimität, Leidenschaft, Verbindlichkeit und vieles andere, aber sie ist immer auch noch mehr als das alles zusammen. Sie ist romantische, spielerische, freundschaftliche, Besitz ergreifende, pragmatische und altruistische Liebe in einem. Sie bedeutet, den anderen so zu sehen, wie Gott ihn gemeint haben könnte (Dostojewski), aber als Sehnsucht bleibt sie göttlich und himmlisch und damit mit dem Irdischen nicht vereinbar.

Liebessehnsucht

Die Liebessehnsucht ist immer noch größer, unersättlicher und umfassender, als es die Wirklichkeit einer Liebesbeziehung jemals sein kann. Und auch wenn wir in einer konkreten Liebesbeziehung unsere Sehnsucht befriedigen können, so scheint dies jeweils nur für eine begrenzte Zeit und in einer begrenzten Realität möglich zu sein. Gegen die Liebessehnsucht hat die reale Liebesbeziehung kaum eine Chance, vielleicht in besonderen Momenten des Glücks, aber nicht dauerhaft. Ist diese Liebessehnsucht eine ewige und letztlich unerfüllbare Hoffnung nach bedingungsloser Liebe, grenzenlosem Verstandenwerden, symbiotischem Aufgehobensein? Oder ist die Liebessehnsucht ein inneres Ideal, das sich immer wieder verändert, sobald wir glauben, es verwirklicht zu haben?

Es gibt mindestens zwei Wege, wie sich die Liebessehnsucht und eine konkrete Person begegnen können. Man kann zunächst eine Idee oder ein inneres Bild von einer Liebessehnsucht haben, die sich dann an eine konkrete Person bindet. Man kann aber auch eine Person kennen, die all diese imaginären Sehnsüchte auslöst, die zum Synonym oder Sinnbild der Liebessehnsucht wird. Dennoch bleibt eine Gemeinsamkeit: Immer werden innere Bilder der Liebessehnsucht und einer umfassenden Liebe verknüpft mit einer Person. Psychologisch gesehen ist es eine Projektion von Liebessehnsüchten und -idealen in eine konkrete Person oder Liebesbeziehung. Wenn also die konkreten Personen nur Empfänger der Botschaften sind, Projektionsflächen der Sehnsüchte, dann haben diese Gefühle ihren Ursprung in den Menschen selbst, dann haben sie etwas zutiefst Menschliches, das sie zugleich an die anderen Menschen bindet und sie von ihnen abhängig macht. Es ist dann die Sehnsucht nach einem Beantwortetwerden, einem Geliebtwerden durch einen anderen, die den Menschen erst vollständig und erfüllt sein lässt.

Woher kommt diese tiefe und nahezu unersättliche Liebessehnsucht des Menschen? Warum genügen wir uns nicht selbst? Eine der schönsten Antworten auf diese ewige Frage findet sich bereits bei Platon in seiner Geschichte von den „Kugelmenschen". In seiner Schrift „Symposion" (384 v. Chr.) lässt Platon den Dichter Aristophanes die Geschichte von den Kugelmenschen erzählen. Nach Aristophanes war damals „die ganze Gestalt eines Menschen rund, indem Rücken und Seiten eine Kugel bildeten; Hände aber hatte ein jeder vier und ebenso viele Füße und zwei einander völlig gleiche Gesichter auf einem kreisrunden Halse, für beide einander entgegengesetzt liegende Gesichter aber einen gemeinsamen Kopf, zudem vier Ohren und zwei Schamglieder und alles andere wie man es sich hiernach wohl ausmalen kann. Man ging nicht nur aufrecht wie jetzt beliebig in der einen oder anderen Richtung, sondern, wenn sie es eilig hatten, machten sie es wie die Radschlager, die mit gerade emporgestreckten Beinen sich im Kreise herumschwingen: Auf ihre damaligen acht Gliedmaßen gestützt bewegten sie sich im Kreisschwung rasch vorwärts. So gab es denn der Geschlechter drei und von dieser Beschaffenheit; und das aus dem Grunde, weil das männliche ursprünglich von der Sonne stammte, das weibliche von der Erde und das aus beiden gemischte vom Mond; denn dieser hat Teil an beiden, an Erde und Sonne. So waren sie denn, sie selbst wie auch ihr Gang, kreisförmig, weil sie ihren Eltern ähnlich waren. Sie waren demnach von gewaltiger Kraft und Stärke und von hohem Selbstgefühl, ja sie wagten sich sogar an die Götter heran ..." (Platon, Das zerschnittene Paar, in: Schmölders, 25).

Hier wird den Liebenden aus der Seele gesprochen: sie fühlen sich in der Einheit so stark, als seien sie Kinder von Sonne und Erde und könnten es als solche sogar mit den Göttern aufnehmen. Den Göttern allerdings gefiel diese Entwicklung ganz und gar nicht, sie hielten Rat und an dessen Ende kam Zeus zu einem Entschluss, wie mit den Kugelmenschen weiter umzugehen sei: „Ich werde jeden in zwei Hälften zerschneiden, und die Folge wird sein, dass sie nicht nur schwächer, sondern auch nützlicher werden, weil sie an Zahl dann mehr geworden sind. Fortan werden sie aufrecht gehen auf zwei Beinen." (Schmölders 26) Daraufhin zerschnitt Zeus persönlich die Kugelmenschen und wies Apoll an, die Schnittflächen zu verheilen. „Dieser drehte ihnen das Gesicht um, zog von allen Seiten die Haut über der jetzt Bauch genannten Fläche zusammen und band sie dann auf der Mitte des Bauches zusammen wie einen Schnürbeutel, indem er eine Öffnung ließ, die man jetzt Nabel nennt."(26) So entstand die Sehnsucht nach einem anderen Menschen und seither suchen alle Menschen ihre andere, „bessere Hälfte". „Als nun so ihre ursprüngliche Gestalt in zwei Teile gespalten war, ward jede Hälfte von Sehnsucht zur Vereinigung mit der anderen getrieben: Sie schlangen die Arme umeinander und schmiegten sich zusammen, voll Begierde zusammenzuwachsen." (26) Dies ist die Geburtsstunde der Liebessehnsucht. Jede einzelne Hälfte, jeder einzelne Mensch erscheint unvollständig und sehnt sich nach der Vereinigung mit einem anderen Menschen, seiner anderen Hälfte.

Gibt es für jeden Menschen nur eine passende andere Hälfte oder passt zu jeder Hälfte auch jede andere komplementäre? In dem Gleichnis von Platon sind beide Varianten denkbar: Grundsätzlich passen alle Menschen zusammen, weil immer eine Hälfte in Vereinigung mit einer anderen ein Ganzes, eine Einheit werden lässt. Andererseits ist in dem Gleichnis aber auch die romantische Idee enthalten, dass es irgendwo die eine, wahre, wirkliche andere Hälfte eines Menschen gibt, die passt wie keine andere. Das wäre dann der oder die Einzige, die wahre Liebe, bei deren Anblick der Blitz in beide fährt, sie von Amors Pfeilen getroffen werden und sich ihrem Schicksal, das nur von den Göttern vorherbestimmt sein kann, ergeben müssen. Wenn zwei Menschen sich verlieben, dann empfinden sie es anfangs so, als ob sie ihre andere Hälfte gefunden hätten.

Die Idee der großen Liebe

Im Zentrum der Liebessehnsucht steht die Idee der großen Liebe des Lebens. Man sagt, man erkenne die große Liebe auf den ersten Blick und beide wissen sofort, dass nur das Schicksal sie zusammengeführt haben kann. Die Idee der großen Liebe ist zeitlos, und in dieser zeitlosen Ewigkeit überwindet sie die Begrenzungen des Lebens, vor allem des Todes. Ebenso wie Gott die Angst vor dem Sterben und dem Tod bändigt, so scheint die große Liebe zumindest in der Idee den Tod nicht zu fürchten. Noch heute geloben sich die Paare bei der Heirat ewige Liebe und Treue, „bis dass der Tod uns scheide". Die Liebe des Lebens, die große, einzige ist also auch daran erkennbar, dass sie ein besonderes Verhältnis zum Tod hat.

Die lebenslange Liebe ist der sehnlichste Wunsch der Liebenden und zugleich der Nachweis ihrer außergewöhnlichen Größe. Und wenn sich dieser Wunsch erfüllt, wenn die Liebe bis in den Tod geht, dann hat sie ihre Berechtigung, dann hat sie damit den Nachweis der eigenen Größe erbracht. Die große Liebe befreit den Menschen von allen irdischen Zwängen und Einschränkungen, sie hebt die Gesetze von Raum und Zeit auf, ja sogar die Gesetze der Schwerkraft, wie man es in den Bildern von Marc Chagall schön sehen kann. Die Angst vor dem Sterben und Tod war schon immer die größte Angst der Menschen und die Idee der großen Liebe, dieser säkularisierte Gott, das wichtigste Mittel gegen diese Angst. Daneben hat die Idee der großen Liebe noch eine zweite Aufgabe: die Bindung der menschlichen Aggression.

In Liebesbeziehungen kann solch ein Sieg über die menschliche Aggression kein einmaliger sein, auch wenn sich manche Menschen dies wünschen. Das wäre dann wieder das Ideal der Liebe, das endgültig alles Böse und Schlechte aus der realen Welt verbannt. Auch reichen keinerlei tränenreiche Bekundungen oder gut gemeinte Absichtserklärungen, um die Aggression dauerhaft zu bändigen. Aggressionen sind ein Teil der menschlichen Bewältigungs- und Anpassungssysteme in der Auseinandersetzung mit der Umwelt und wenn es emotional hoch hergeht, wie es in Liebesbeziehungen nun mal der Fall ist, dann sind die Aggressionen nicht mehr weit. Es geht also immer um ein relatives und instabiles Gleichgewicht zwischen den Polen Liebe und Aggression und dies wiederum erklärt auch, warum die Dauer einer Beziehung niemals sicher sein kann und dass der Ablauf der Liebesbeziehung durchaus turbulent sein kann, ja sein muss. Dies müssen die Liebespartner aushalten können, dass sie die Aggressionen niemals endgültig bändigen können, dass Aggression von der Liebe gebunden werden muss, aber nie ganz verschwindet, und dass die Aggression manchmal sogar gut sein kann, nicht nur für die energische Problemlösung oder gar eine Trennung, sondern durchaus auch für eine erfüllte Sexualität.

Sieben große Lieben im Leben

Wir leben und lieben anders mit 18 als mit 30, als mit 45 und mit 60 oder drüber; wir lieben im Sex anders als in der Freundschaft; wir lieben nicht nur als geliebte, sondern auch als liebende Menschen; und Frauen lieben anders als Männer.

Die Stärke einer großen Liebe ergibt sich auch daraus, dass sie auf einer alten Liebe aufbaut und sich alte und neue Liebe verbinden. Dabei werden viele positive Beziehungselemente einer alten Beziehung auf die heutige Liebesbeziehung übertragen und erfahren in ihr eine Fortsetzung, vielleicht sogar Vollendung. Das ist es, was ihre Liebe so stark, so verlässlich und so überzeugend sein lässt: Die große Liebe ist psychologisch gesehen eine Übertragungsliebe.

Liebende übertragen die positiven Gefühle aus einer Beziehung in eine andere, weil sie in der neuen Beziehung an die alte erinnert werden. Dies ist kein bewusster Prozess. Aber häufig empfinden die Liebenden es so, als ob sie mit der neuen Liebe auch eine alte wieder gefunden hätten und sie fühlen sich in dieser so wohl, aufgehoben oder verstanden, wie sie es vorher nur in der früheren Beziehung empfunden haben. Wenn man sie auf die besondere Stärke ihrer Liebe anspricht, dann sagen sie manchmal auch: „Wir kennen uns zwar erst seit drei Wochen, aber es fühlt sich an, als ob es schon drei Jahre sind. Ich habe solch ein tiefes Gefühl der Vertrautheit, wie ich es mit einem Partner so schnell und so tief noch nie erlebt habe." An solchen Äußerungen und Gefühlen erkennt man die Übertragungsliebe.

Meist handelt es sich bei den Übertragungen um sehr frühe Gefühle, wie man sie zu den bedeutsamen Menschen in der eigenen Herkunftsfamilie hatte. Dies können Mutter, Vater, Bruder oder Schwester sein, aber auch die Großeltern, eine Nachbarin oder eine Tagesmutter. Der Kontakt zu solch einer Person muss auch nicht besonders lange gewesen sein, denn die Bedeutsamkeit einer Person für das eigene Leben ergibt sich nicht allein durch die Zeit. Es sind Beziehungen, die sehr prägend und intensiv waren und die wir zumindest in Teilen auch immer wieder finden wollen. Eine gelingende Partnerschaft muss auch die Möglichkeit in sich tragen, diese tiefen Gefühle aus früheren bedeutsamen Beziehungen immer wieder anzurühren. Solche Übertragungsgefühle sind für die Liebenden äußerst stark und machen einen Teil der Besonderheit ihrer Liebe aus. Aber letztlich kommen sie nur zu einem Teil aus der neuen Liebesbeziehung selbst, verklären und idealisieren diese und lassen den Betroffenen glauben, die große Liebe des Lebens gefunden zu haben. Die Täuschung besteht darin, dass der neuen Liebe all die Größe und der Zauber zugeschrieben werden, weil die alte Liebe nicht erinnert, sondern nur unbewusst übertragen wird. Wenn man den Übertragungen auf die Spur kommen möchte, so kann man sich einfach assoziativ überlegen, an welche

Personen der geliebte Mensch erinnert. Meist werden die Erinnerungen durch Kleinigkeiten hervorgerufen, wie ein Geruch, ein Lächeln, eine sorgende Handlung, eine bestimmte Verhaltensweise oder auch ein besonderes Denken oder Lächeln. Solche Erinnerungen wirken stimulierend, fördern die Übertragung und die Liebe zugleich.

Die Liebenden müssen also realistisch erkennen, dass die Ursprünge der großen Liebe weit in das eigene Leben zurückreichen, und in diesen Teilen nichts mit der heutigen Liebe zu tun haben. Der als große Liebe des Lebens idealisierte Partner kann also nichts dafür, dass er so geliebt wird und damit ist die große Liebe auch nur wieder eine Idealisierung oder gar Täuschung. Aber auf der anderen Seite enthält eine solche Übertragungsliebe die besten Voraussetzungen für eine dauerhafte und glückliche große Liebe des Lebens. Es ist, als ob sich die Partner gegenseitig einen großen Kredit auf die gemeinsame Zukunft ausstellen, eine Art Blankoscheck. Das Vertrauen für diesen Lebenskredit hat sich die Person noch gar nicht erworben, denn das Vertrauen stammt aus früheren Beziehungen. Aber ein solches Vertrauen kann ein immenses Startkapital sein und wenn das Paar damit einigermaßen haushaltet, sollte es in einem Menschenleben nicht aufzubrauchen sein. Zumindest dann nicht, wenn es gelingt, die darin enthaltenen positiven Übertragungen immer wieder lebendig und nutzbar zu machen. Das zentrale Element der Übertragungsliebe sind starke Gefühle, wie aufgehoben sein, grundsätzlich geliebt, wertgeschätzt und verstanden zu werden. Es ist eine Liebe, wie man sie Kindern entgegenbringt. Die neue Liebe muss diese starken Gefühle aufgreifen und in die Liebesbeziehung integrieren, sie verstärken und vertiefen. Dann braucht sie die alten Übertragungen nicht mehr oder nur noch in besonderen Situationen. Und dann kann sie wirklich zur großen Liebe des Lebens werden.

Aber eine solche Liebe des Lebens reicht ja den modernen Menschen schon nicht mehr aus; wenn möglich sollten es heute ja schon mehrere sein. Gibt es also mehrere große Lieben des Lebens? Als die amerikanische Literaturnobelpreisträgerin Toni Morrison von Studentinnen danach gefragt wurde, antwortete sie: „Es gibt wahrscheinlich sieben, aber dafür müssen sie reisen." (Brigitte, 18/2004, 82) Und fügte verschmitzt hinzu: „Ich bin überzeugt, dass dumme Leute dumm lieben. Gemeine Leute gemein. Aber es ist die Macht der Liebe, die das ändern kann. Du kannst schlau werden und du kannst aufhören, gemein zu sein. Und wenn sich eine Liebe als destruktiv erweist, können wir das ändern und jemand anderen anders lieben ... Nichts ist so erotisch, als einen anderen Geist zu berühren. Und dann gibt es natürlich den Teil, wo sie nicht mehr reden wollen, sondern einfach nur ins Bett." (84)

2. Die ideale Paarbeziehung

Von Beziehungsidealen und Idealbeziehungen

Jede Zeit hat ihre Ideale, jede Bewegung ihre Ikonen. Brad Pitt und Jennifer Aniston waren einmal das ideale Paar, bevor er es mit Angelina Jolie wurde, David Beckham schießt den idealen Freistoß, Friedrich Schiller schrieb die idealen Gedichte, Al Pacino ist der ideale Schauspieler, Mozart verkörpert die ideale Harmonie in der Musik, Roger Federer spielt das ideale Tennis, usw. Es gibt Ideale für bestimmte Ideen oder für Intelligenz, für einzelne Fertigkeiten, für Haltungen, für politisches Engagement oder künstlerisches Schaffen. Ideale sind Vorbilder. Ideale existieren auch in der Religion, der Politik oder der Philosophie. Der Idealismus gilt als eine Weltanschauung, die von Idealen getragen wird und allzu idealistische Menschen tendieren manchmal dazu, sich selbst ihren Idealen zu opfern, weil sie damit eins werden mit ihren Idealen. Er ist aber auch eine Philosophie, die die Welt als eine Materialisierung einer Idee versteht im Gegensatz zum Materialismus, der die Ideen als Ausdruck materieller Bedingungen sieht.

Ein Ideal ist die Verkörperung von etwas Vollkommenem und als solche eine Zielvorstellung für das eigene Handeln. Die Psychologie kennt Ideale einer gesunden und reifen Persönlichkeit, wie z. B. Authentizität, Reflexionsfähigkeit, Kongruenz, Bindungssicherheit oder Konfliktfähigkeit. Und sie beschäftigt sich mit der Entstehung und der Wirkung von Idealen. So haben beispielsweise Alexander und Margarete Mitscherlich die bedeutsame Theorie aufgestellt, dass sich in autoritären Gesellschaften die Beziehungen zu den herrschenden Autoritäten nur mit Hilfe von Idealisierungen ertragen lassen und meist in eine Identifizierung mit dem Aggressor münden. Damit erklärt sich, warum Menschen Herrschaftsregime unterstützen, obwohl sie selbst unter ihnen leiden und sie eigentlich bekämpfen müssten.

Von Sigmund Freud stammt der Begriff des Ich-Ideals. Damit ist das ganz persönliche Verständnis von richtigem Denken, Empfinden und Handeln eines Menschen gemeint. Freud hat schon darauf hingewiesen, dass ein zu hohes Ideal eine Qual für einen Menschen sein kann, denn wer aufgrund zu hoher Ideale sich beständig überfordert, der wird unzufrieden, leistet zu wenig und wird möglicherweise sogar depressiv. Damit sind wir bei einem wesentlichen Punkt: Ideale haben zwei Seiten, eine konstruktive und eine destruktive. Die konstruktive besteht darin, dass sie eine positive Auswirkung auf die Ziele und Ansprüche eines Menschen haben und damit seiner Wirklichkeit eine positive Richtung geben kann, indem sie versucht, die Wirklichkeit mehr den Idealen anzunähern. Aber sie haben auch eine destruktive Seite, die sich zeigt, wenn die Menschen unter ihren Idealen leiden, weil sie die Ideale als unerreichbar ansehen und damit ihre Lebenswirklichkeit als beständige zweite Wahl erleben.

Selbstbilder und Idealbilder

Wir Menschen haben ein Bild von uns selbst – ein Selbstbild – und wir haben ein Bild davon, wie wir gern sein möchten – ein Idealbild. Solange unser Selbstbild nah am Idealbild ist, geht es uns gut und wir sind mit uns zufrieden. Die Liebe durch andere Menschen in nahen und intimen Beziehungen ist immer noch der älteste und beste Weg, sich seinem Idealbild zu nähern und damit gleichzeitig sein Selbstbild zu erfrischen. In der Liebe bzw. im Verlieben lieben wir in den Partner etwas hinein, was wir in der Liebesbeziehung wieder aus ihm herauslieben können. Wir idealisieren ihn und er fühlt sich dadurch nah an seinem Idealbild. Liebe tut beiden Partnern so gut, weil sie beide vom jeweils anderen so gesehen werden, wie sie selbst gern sein möchten. Dies hilft dem eigenen Selbstbild narzisstisch auf die Sprünge, lässt wahre Höhenflüge folgen und lässt uns selbst wieder mehr lieben. Die Liebe des anderen tut gut, insbesondere im Stadium des

Verliebtseins. Zeigen sich erst einmal die ersten Anzeichen des wahren Selbst unter dem Glanz des Verliebtseins, kann dies für manche Menschen durchaus ein Grund sein, den Partner zu wechseln und das schöne Spiel von vorne zu beginnen.

Sich stets aufs Neue zu verlieben, ist eine Möglichkeit, mit der Diskrepanz von Selbst- und Idealbild umzugehen. Es ist der Versuch, mithilfe des Idealbildes immer wieder, oftmals aber nur künstlich, das eigene Selbstbild aufzufrischen. Besser wäre es, sich mit seinem eigenen Selbstbild auseinander zu setzen, sich kritisch zu befragen, sein Handeln zu reflektieren, für sich selbst Verantwortung zu übernehmen. Das aber ist anstrengend, leichter, zumindest kurzfristig, geht das mithilfe anderer. Die wohltuende Sicht meiner Person durch die anderen kann manchmal sogar lindernde und heilende Wirkungen für ein lädiertes Selbstbild haben. Umgekehrt wird es oftmals komplizierter: Wenn wir uns stets besser sehen als die anderen, wird es auf die Dauer anstrengend, mit diesem eigenen Selbstbewusstsein beständig gegen die Sicht der anderen zu leben.

Häufig kommen Menschen in Psychotherapien, weil ihr Selbstbild unter ihren Idealbildern leidet. Sie können sich nicht akzeptieren, fühlen sich beständig minderwertig und haben innerlich von sich selbst ein vollkommen anderes Bild als die Menschen, mit denen sie leben. Da gibt es wunderschöne Menschen, die sich hässlich fühlen oder magersüchtige, die sich als zu dick empfinden. In solchen Fällen nützt es gar nichts, immer wieder die Wahrheit oder gar Gutes zu sagen, sie glauben es nicht, denn sie wissen es besser. Dieses innere, psychische Leiden der Menschen ist oftmals auch ein Leiden an den Idealbildern, die sie von sich haben. Gäbe es diese Ideale nicht, könnten wir zufrieden vor uns hinleben. Jeder wäre sein eigenes Ideal, würde nie unter Selbstwertproblemen leiden und würde sich selbst jeden Morgen aufs Neue mit einem freudigen Lächeln im Spiegel begrüßen.

Warum schaffen wir sie also nicht ab, diese Ideale? Woher kommen sie überhaupt, wer hat diese inneren Bilder geschaffen, die so beständig an unseren Selbstbildern und Selbstwerten nagen, und woher erhalten sie vor allem die innere Macht und Kraft? Repräsentieren sie die internalisierten Wünsche unserer Eltern, wie sie selbst früher einmal sein wollten oder wie ihre idealen Kinder einmal sein sollten? Haben wir auf dem Wege unserer Persönlichkeitsbildung vielleicht sogar diese Ideale gebraucht, so dass die Psychoanalytiker zu Recht von der Notwendigkeit der Internalisierung positiver Ich-Ideale zum Aufbau einer stabilen Persönlichkeit sprechen? Sind Ideale und Idealisierungen nicht nur etwas Notwendiges, sondern sogar etwas allgemein Menschliches; werden sie gar gleich oder ähnlich durch die gesamte Menschheitsgeschichte transportiert, wie es C.G. Jung mit seinen Archetypen meinte? Und wenn wir für unsere Persönlichkeitsbildung und -entwicklung solche Ideale brauchen, sie von der Menschheit allgemein und unseren Eltern konkret sogar mitgeliefert bekommen, schaffen wir auch selbst solche Ideale? Beteiligen wir uns damit letztendlich selbst an diesem für unser Selbstbewusstsein manchmal so schädlichen Prozess ihrer Produktion? Und wenn dies so ist, wie die Psychologie behauptet, woran erkennen wir die Ideale, wann und wie wissen wir, dass wir sie gerade erschaffen und verehren? Sind Idole, Vorbilder, Leitbilder oder andere moderne Götzen solche Ideale? Sind Idealisierungen und Verklärungen notwendig, brauchen wir stets moderne Mythen als Auffrischungen der alten, um uns selbst entwickeln zu können?

All diese desillusionierenden Fragen sind aus der Sicht der Psychologie leider mit Ja zu beantworten: Es gibt Ideale, wir brauchen sie für unsere Persönlichkeitsentwicklung, wir bekommen allgemeine Ideale schon früh präsentiert, um uns an ihnen in unserer Entwicklung zu orientieren und wir beteiligen uns schon früh an der Erschaffung weiterer Ideale. Damit aber noch nicht genug des Elends. Wir haben nicht nur Ideale für uns, die uns allein quälen, sondern wir haben auch Ideale für andere: für Männer und Frauen und Kinder, für Mütter und Väter, für Geliebte und Ungeliebte, für Partnerschaften und Paarbeziehungen. Wir wissen – oder besser fühlen – ganz genau, was die richtige Liebe ist, wer der Richtige oder die Richtige ist – auch wenn er oder sie meist konkret nicht zu finden ist, wir wissen dennoch, wie der ideale Partner sein sollte. Manchmal hat es den Anschein, als ob es müßig sei, mit diesen inneren Idealbildern auf die Suche nach ihrer realen Entsprechung zu gehen. Das Idealbild erfüllt sowieso keiner oder keine. Enttäuschung, Leiden und Frustration sind die Folge und wenn wir uns darüber beschweren, versteht uns jeder, denn jeder kennt das Spiel, spielt es mit und leidet darunter.

Wir haben auch Bilder für die zu uns passenden Menschen, für die idealen Paarbeziehungen, in denen wir leben wollen. Diese Idealbeziehungen bewegen sich nah an den inneren Bildern unserer Beziehungsideale. Wir kennen die modernen Beziehungsideale, wir besuchen sie in den Kinos und holen sie uns durch Fernsehen oder DVD täglich in unsere Wohnzimmer. Eine ganze Kulturindustrie, allen voran die amerikanische Filmindustrie in Hollywood, hat sich der beständigen Produktion von Beziehungsidealen verschrieben und sie lebt nicht schlecht von unserem inneren Bedürfnis nach Bildern, Idealen, Mythen und modernen Märchen. Diesen Paaren eifern wir nach, sie prägen unsere inneren Bilder und stehen als solche Wirklichkeit gestaltend für unsere eigenen Beziehungen.

In den menschlichen Beziehungsidealen gibt es wiederkehrende Muster, die man als Idealbeziehungen bezeichnen kann. Sie existieren teilweise seit Jahrtausenden, kommen aus vollkommen unterschiedlichen Kulturen und gehören zum Kulturerbe der Menschheit. Ich möchte einige davon gern vorstellen, weil sie in den meisten Paarbeziehungen zwischen Verliebtheit und Liebe enthalten sind. Manche realen Paarbeziehungen ähneln diesen Idealbeziehungen sehr, manche nur zu bestimmten Zeiten.

Von den Göttern füreinander geschaffen

Die Geschichte von Shiva und Shakti ist ein Schöpfungsmythos, denn beide werden in der indischen Mythologie füreinander geschaffen. Der Gott Shiva lebt nur noch seine zerstörerische Seite. Diese muss durch die Liebe ausgeglichen werden, aber dazu bedarf es einer Liebesgöttin. Brahma als der Schöpfer übernimmt die Aufgabe, eine Liebesgöttin für Shiva zu gewinnen, damit das Wechselspiel der Welt zwischen Zerstörung und Liebe weiterexistiert. Das Mädchen wurde geboren und bekam den Namen Sati oder Shakti, das heißt „die Vollkommene".

Dieser Mythos von Shiva und Shakti ist, wenn man so will, der Grundmythos der Liebe schlechthin: füreinander geschaffen sein von den Göttern, sich einander vollends genügen, in dem jeweils anderen versinken, die Welt um sich herum vergessen, unabhängig sein von Wind, Regen, Sonne und Schnee, ineinander verschmelzen und füreinander da sein. Allerdings: So können nur die Götter überleben, auf Erden ist dies nicht möglich. Das weiß auch der Mythos. Als Götter leben sie zeitlos und nur in Liebe füreinander. Wollen sie als Partner allerdings zu Eltern werden, dann müssen sie durch diese Metamorphose hindurch. Der Übergang vom Paar zur Elternschaft wird im Mythos interessanterweise symbolisiert durch den Tod und Wiedergeburt.

Sich einen Traumpartner schnitzen

Wer hat nicht schon einmal davon geträumt, sich einen Partner zu „schnitzen", der oder die ganz den eigenen Wünschen und Bedürfnissen entspricht? Die partnerschaftliche Wirklichkeit ist dem Mythos gar nicht so fremd, denn Partner schnitzen beständig aneinander. Wir sprechen in der Paar-Psychologie auch vom Prozess der partnerschaftlichen Synchronisation. Dieses Gleichlaufen in der Zeit beinhaltet aktive und passive Momente; das Ziel ist die emotionale und seelische Abstimmung auf den anderen, aber auch seine Neuschaffung in der eigenen Beziehung. Dieser Prozess des aktiven Einwirkens auf den Partner, dieses kreative Arbeiten an der Vervollkommnung des Ideals, das im Alltag vom anderen zumeist als Bevormundung und Egozentrik erlebt wird, hat Ähnlichkeiten mit dem Pygmalion-Mythos. Es geht um die Sehnsucht, sich einen Partner nach seinem Bilde zu formen.

Obwohl dieser Schöpfungsprozess zweifelsohne etwas männlich-chauvinistisches hat, indem die Frau nicht als autonomes Wesen, als gleichwertige Partnerin gesehen wird, sind in diesem Mythos Elemente jeder Beziehung enthalten und dies nicht nur aus männlicher, sondern auch aus weiblicher Sicht. Der von mir oben angesprochene Prozess der Synchronisation hat seine alltägliche Ausformung in kleinen äußeren und inneren Schritten: Ein äußerlicher Schritt in dieser Richtung besteht z. B. in der Sorge um das Aussehen des Partners, um seine oder ihre Attraktivität. Ein innerer Schritt wäre die beharrliche Beziehungsarbeit an den Haltungen des Partners, seinen Interessen, Konfliktlösungsstrategien oder Lebenseinstellungen. Diese innere Ebene ist sicherlich entscheidender, insbesondere wenn das Paar zu Eltern wird. Insofern kann jede normale Paarbeziehung als eine Pygmalion-Variante angesehen werden: Beide Partner schnitzen beständig am Ideal, indem sie den anderen formen und verändern wollen und beide haben auch meist nichts dagegen, solange sie das Gefühl haben können, nicht zu einem Abziehbild des Ideals des anderen zu werden und solange sie sich grundsätzlich geliebt fühlen. Das Schnitzen darf die Person des anderen nicht in Frage stellen, hier ist die Grenze der Veränderbarkeit. Der Mythos von Pygmalion hat eine im psychologischen Sinne zutiefst narzisstische Ebene, indem hier der Wunsch in Erscheinung tritt, sich im Partner wieder zu finden oder gar spiegeln zu können. Es ist die Schönheit des anderen, in der sich auch die eigene Liebe spiegelt, denn „meine Liebe macht dich täglich schöner". Mit der Gestaltung und Schöpfung des Partners wird aber zugleich eine Beziehungsphantasie in die reale Paarbeziehung umgesetzt, wird eine Beziehung immer wieder aus dem Ideal inspiriert.

Die Schöne und das Biest

Die Walt-Disney-Studios hatten einen ihrer größten Erfolge mit dem Film „Die Schöne und das Biest", dem die Psychologie in ihrer Kernaussage nur zustimmen kann: Im hässlichen Biest ruht ein liebenswerter Kern, der in einem abstoßenden Körper gefangen ist. Diesen guten Kern, die liebenswerte Persönlichkeit hinter der Fassade der Fratze zu erkennen ist ebenfalls nur einem guten Menschen vorbehalten. Und dass sich beide am Ende lieben, ist daher kein Wunder.

Das Original ist die Geschichte von Hephaistos und Aphrodite, wie sie der griechische Dichter Homer erzählt. Die heiraten nicht aus Liebe, sondern weil er die Brautgeschenke dargebracht, die der Vater der Braut gefordert hatte, und er erhält Genugtuung für die erlittene Schmach des Ehebruchs seiner Frau Aphrodite mit seinem Halbbruder Ares, indem er seine Investitionen zurückbekommt. Gänzlich unromantisch, ohne Liebesklagen, Ehe als eine Zweckgemeinschaft im rein ökonomischen Überlebenssinne – auch unter den Göttern.

Der alte weise Mann und das junge hübsche Mädchen

Der alte, weise und erfahrene Zauberer verfällt dem Zauber der Schönheit und der Jugend und bleibt am Ende gefesselt durch ihre Liebe einsam und allein zurück. Der Mythos um Merlin, den großen Zauberer am Hofe König Artus kennt viele verschiedene Versionen, die im Kern aber alle gleich sind.

Paardynamisch steht im Mittelpunkt der Tausch Liebe gegen Weisheit oder Weisheit gegen Liebe zwischen Alt und Jung. Und beide zahlen dafür ihren Preis: Sie lebt mit einem alten Mann, behält aber ihre Freiheit, und er verliert seine

Freiheit, lebt dafür aber mit einer jungen Frau. Zwei ungleiche Partner tauschen gleiches. Merlin ist dabei die Inkarnation der Weisheit, der Erfahrung und der Naturverbundenheit, der Zauberer. Viviane ist eine der gelehrten Feen des Mittelalters und ein Kind der Wälder, sie ist die Schönheit und Jugend. Beide beleben sich gegenseitig. Was der eine sucht, hat der andere und umgekehrt. Bei aller äußeren Ungleichheit komplettieren sie sich in ihrer Einheit zu allem, was die Liebe umfassen kann: Alter und Jugend, Weisheit und Schönheit, Geist und Körperlichkeit, Natur und Reinheit, Freiheit und Unfreiheit.

Die reife Frau und ihr jugendlicher Held

Für die reife, alternde Frau ist ihr jugendlicher Held die letzte erotische Eroberung, durch die sie noch einmal jung und begehrenswert wird, für ihn ist es gleichzeitig die Einführung ins Leben, durch die er vom Jugendlichen zum Mann wird. Dieser Mythos ist vor allem eine Beziehungsphantasie der Frauen und Mütter. Der junge Gott bringt noch einmal die große Liebe in das Leben der älteren Frau, die von Anfang an um die Vergänglichkeit dieser Liebe weiß. Damit sind Trennung und letztlich Tod Teil dieser Liebe. Wie bei jeder Beziehungsphantasie geht es auch hier um die Frage der Autonomie der Liebenden, konkret um den Ablösungsprozess des Jugendlichen von der Mutter bzw. das Loslassenkönnen der Mutter von ihrem Sohn. Wie auch die anderen Beziehungsphantasien hat dieser Mythos eine allgemeingültige Seite: In jeder Beziehung ist der Mann nicht nur Geliebter und Sohn, sondern zugleich Vaterfigur, und die Frau nicht nur Geliebte und Tochter, sondern auch Mutterfigur. Dieses Wechselspiel der Übertragungen und Rollen ist wichtig für jede Beziehung. Ihre Dauer hängt u. a. auch davon ab, wie dieses Rollenspiel gelingt, wie flexibel jeweils Mutter-Tochter- und Vater-Sohn-Rollen eingenommen werden können, ohne dass davon eine Bedrohung für den anderen ausgehen muss. Denn jeder braucht mal die sorgende Mutter, den helfenden Vater, möchte mal der kleine Junge oder das kleine Mädchen sein oder seine mütterlichen oder väterlichen Anteile ausleben; eine Rolle allein – ob groß oder klein, regressiv oder progressiv – ist viel zu anstrengend.

Rivalität, Streit und Eifersucht

Zeus und Hera sind das klassische Streit-Ehepaar. Er ist beinahe der Prototyp des chauvinistischen Mannes: Er herrscht, bestimmt, treibt sich mit anderen Frauen rum, verbannt sie an den Herd. Sie erfüllt nicht minder den klassischen Typus der Furie, die keift und meckert, kleinlich, eifersüchtig und heimtückisch ist. Was verbirgt sich nun psychologisch und paardynamisch im Zeus-Hera-Mythos? Sicher geht es um Rivalität, Macht, Erniedrigung usw. Mit Liebe hat das alles nicht sehr viel zu tun. Und obwohl solche Streitpaare häufig von Trennung reden, lassen sie sich meist nicht scheiden. Durch den Streit erleben sie Nähe, die sie sonst nicht oder nur schwerer herstellen könnten. Gleichzeitig ist der Streit eine Abwehr der Angst vor Autonomieverlust. Liebe, Nachgeben, Verständnis bedeutet letztlich Verlust der Autonomie. Jedes Verstehen des anderen wird als Niederlage der eigenen Positionen verstanden und auch so vom Partner interpretiert. In den militärischen Schlachten der Ehe ist alles dem Primat von Strategie und Taktik untergeordnet. Sogar das zeitweilige Nachgeben und Turteln dient dem Zweck, die eingeplante nachfolgende Niederlage darum umso fürchterlicher ausfallen zu lassen. Es ist die Unfähigkeit zu positiven Kontakten, Beziehungen und Bindungen – sicherlich aufgrund eigener früherer Erlebnisse – in Verbindung mit schmerzlichen Autonomieverlusterlebnissen, die Menschen solche Beziehungen leben lässt. Immerhin haben sie im Streit einen Kontakt, der nicht vernichtet und bedroht, weil sie sich von vornherein schützen. Und das letztlich wirklich Positive ist die Tatsache, diesen Kampf durchzustehen und zu überleben.

Bis auf Shiva und Shakti implizieren alle bislang vorgestellten Mythen ein Ungleichgewicht der Partner. Brudermann und Schwesterfrau ist die moderne Variante des Shiva-Shakti-Mythos: Auch sie sind von den Göttern gleichwertig gezeugt, keiner ist mehr wert als der andere und deshalb können sie partnerschaftlich miteinander leben. Die Geschwisterliebe symbolisiert eine grundsätzliche, immerwährende, unhinterfragbare Art der Liebe. Bruder und Schwester bleiben ein Leben lang miteinander verbunden und sind auch in den schwierigsten Lebenssituationen füreinander da. Hier verliert Macht seine Bedeutung, Solidarität und Gleichwertigkeit treten an seine Stelle. Heute sind die Beziehungen zwischen den Geschwistern die längsten intimen Beziehungen im Leben eines Menschen.

Wo aber bleibt das Sexuelle zwischen Brudermann und Schwesterfrau? Lassen sie es einfach weg, weil es ohne das Sexuelle unkomplizierter ist, vielleicht sogar liebevoller und schmerzloser? Das Inzesttabu ist die zentrale Frage dieser Brudermann-Schwesterfrau-Beziehung. Ältere Paare, an Lebensjahren und/oder an Dauer der Beziehung, charakterisieren ihr Verhältnis öfter als Bruder-Schwester-Verhältnis, wobei damit die Nähe ohne Sexualität gemeint ist. Auch Trennungspaare geben als positive Phantasie ein anstrebenswertes Bruder-Schwester-Verhältnis an. Letztlich wird damit aber eine Beziehung ohne ihren natürlichen Kernpunkt definiert: Sexualität ist Lebensenergie, ist realer Ausdruck von Beziehungsphantasie und zugleich eine stete Quelle derselben. Die Marginalisierung der Sexualität in einer Paarbeziehung macht diese unlebendiger, erstarrter sowie distanzierter und ist insofern eine Kapitulation vor einer stets neu zu findenden Synthese zwischen Gleichgewicht und Ungleichgewicht, Macht und Ohnmacht, Nähe und Distanz, Autonomie und Abhängigkeit.

Weise Menschen oder Paare mit langen Erfahrungen werden wissen, dass in langjährigen Beziehungen viele verschiedene dieser geschilderten Mythen enthalten sind. Am Anfang fühlen sich alle füreinander geschaffen wie Shiva und Shakti, kommt es zu Widerständen von Seiten der Familien, dann werden sie zu Romeo und Julia, der Mann fühlt sich im Vergleich zur Schönheit der Frau wie das Biest und im Alter träumen beide den Traum von einer Beziehung mit einer jugendlichen Schönheit, ob Mann oder Frau, weil sie dem Tod trotzen wollen durch eine neue Liebe. In den Mythen und Geschichten sind aber auch schon die großen partnerschaftlichen Themen angesprochen, wie Geben und Nehmen, lieben und geliebt werden oder Distanz und Nähe.

3. Gefühlte Nähe

Die Angst der Stachelschweine vor Nähe

Moderne Menschen können auf vieles im Leben verzichten: Man kann das Auslaufen der Lieblings-Fernseh-Serie betrauern und sich bis zur Fortsetzung mit der Wiederholung begnügen, man kann eine Weile nichts essen und eine Diät machen, man kann mal ohne Auto sein und stattdessen den Bus nehmen, man kann das Handy liegen lassen und sich E-Mails schreiben, man kann auch mal auf einen Partner pfeifen und sich auf seine Freunde verlassen. Aber auf eines können wir alle anscheinend nicht verzichten, zumindest nicht auf Dauer: auf emotionale Nähe zu anderen Menschen, möglichst in einer liebevollen Partnerschaft.

Besser als Pralinen

Das Gefühl geliebt zu werden und anderen Menschen nah zu sein ist anscheinend ein grundlegenderes Bedürfnis als Nahrung, Kleidung oder Wohnung. Emotionale Nähe ist vielleicht das wichtigste Grundbedürfnis. Und das gilt schon für Rhesusaffen. In einem alten und bekannten Experiment hat man jungen Rhesusaffen eine Drahtmutter zur Verfügung gestellt, bei der sie Nahrung bekamen und als Alternative eine „Kuschelmutter", bei der sie kuscheln konnten, aber nichts zu essen bekamen. Die kleinen Affen haben die „Kuschelmutter" immer der Nahrung spendenden Drahtmutter vorgezogen: Kuscheln ist wichtiger als essen! Bei Säuglingen ist dieses Bedürfnis nach emotionaler Nähe zu einer Bezugsperson anscheinend noch stärker ausgeprägt. Wenn man sie nur mit

Nahrung und Kleidung versorgt, aber ihnen keine Liebe, Aufmerksamkeit, Zuwendung und körperliche Wärme gibt, dann entstehen nicht nur starke Entwicklungsstörungen, sie können an diesem Mangel sogar sterben.

Bei erwachsenen Menschen ist dies alles genauso wie bei den Affen und den Säuglingen, nur noch unendlich komplizierter. So kann es beispielsweise sein, dass ein Mensch alles gibt, was er an emotionaler Nähe geben kann, aber bei dem anderen kommt es nicht an. Oder der andere kann das Gegebene zwar anerkennen, aber nicht annehmen. Oder noch schlimmer: Der eine Partner gibt und gibt – und der andere merkt es nicht.

Emotionale Nähe ist ein Hauptmerkmal von Liebesbeziehungen, aber wie viel wir davon brauchen, ist unterschiedlich: Es ist ein Dilemma für Menschen mit einem starken Bedürfnis nach emotionaler Nähe, wenn sie in einer Partnerschaft leben, in der sie mehr davon brauchen, als sie bekommen und als der andere geben kann. Soll man sich von einem Partner trennen, der zwar behauptet, alles an Liebe und Nähe zu geben, was er geben kann, aber man dennoch chronisch unterzuckert ist? Insbesondere Frauen scheinen diese emotionale Nahrung mehr zu brauchen als Männer – oder zumindest anders und höher dosiert. Da helfen dann auch keine Pralinen oder Nougattörtchen mehr, bestenfalls für die kurze Zeit eines lieblosen Nachmittags, irgendwann muss das Original doch her. Wenn die emotionale Nahrung fehlt, wenn man in einer Liebesbeziehung das Gefühl hat, sich nicht wirklich nah zu sein und in dieser Liebe die Nähe zu spüren, dann wird es kritisch, dann tauchen die ersten Gedanken an Trennung auf.

Was ist emotionale Nähe?

Was aber ist eigentlich emotionale Nähe? Nähe bietet Schutz und Geborgenheit vor den Gefahren des Alltags, sie verleiht das Gefühl der Sicherheit, sie bedeutet Bindung, sie ist ein Garant gegen die Einsamkeit und alle Formen des seelischen Schmerzes. Als wir Säuglinge und Kinder waren, haben uns unsere Eltern diese emotionale Nähe gegeben und seitdem wir auf sie verzichten müssen, was mit diesem schmerzlichen Prozess des Erwachsenwerdens zusammenzuhängen scheint, suchen wir sie wieder in monogamen Zweierbeziehungen. Psychologen nennen diese Form der Beziehungen, in denen emotionale Nähe das Wichtigste ist, intime Beziehungen. Paare kommen in die Therapie, wenn sie diese Art der emotionalen Unterernährung erleiden müssen und wünschen sich am liebsten ein Medikament dagegen. Dann haben wir es meist mit einfachen Fragen und komplizierten Antworten zu tun: Wer vermisst diese emotionale Nähe? Seit wann ist das so? Wann ist es heute in der Paarbeziehung nicht so, dass irgendwer diese Nähe vermisst? Wer stellt die emotionale Nähe her, wer macht den ersten Schritt? Wie reagiert der andere darauf? Wann kann diese Zuwendung, Nähe, Geborgenheit oder körperliche Wärme angenommen werden und wann nicht? Wie kann der eine Partner erkennen, dass der andere sie braucht? Wer hat wie viel Angst vor solch einer Nähe und woher kommt diese Angst? Wann war diese Nähe mal verletzend? Wie können beide Partner ihre Bedürfnisse nach emotionaler Nähe miteinander regulieren? Wie kann man sich solcherart Bedürfnisse mitteilen, ohne immer zu großartigen Erklärungen anzusetzen? Wie merke ich eigentlich selbst, wann ich sie brauche, wie viel davon und auf welche Art? Und wie kann ich dies so frühzeitig merken, dass ich noch eine Chance habe, sie zu bekommen?

Fernsehen, Couch, Sex

Wenn man all diese Fragen mit einigen Paaren beantwortet hat, glaubt man nicht mehr an einfache Lösungen, schon gar nicht an Patentrezepte. So berichtete mir ein Klient, er habe eine Flasche guten Rotweines geöffnet und damit seiner

Frau signalisieren wollen, dass er heute einen schönen Abend mit ihr verbringen möchte, voller emotionaler Nähe, die sie sich immer so wünsche. Gemütlich zusammen fernsehen auf dem Sofa, ein wenig gegenseitig die Füße wärmen und anschließend Sex. Seine Partnerin dagegen sah den Abend mal wieder in Ritualen untergehen, als er die Flasche öffnete. Für sie war klar: Fernsehen, Couch, Sex. Sie wollte lieber am See spazieren gehen, miteinander reden, über längst fällige Fragen sprechen, zum Beispiel über die Frage eines gemeinsamen Kindes. Für sie standen so viele aufgeschobene Fragen auf ihrem inneren Zettel, dass sie seine Planung des Abends – eindeutig erkennbar am Öffnen der Flasche Rotwein – als neuerliche Vermeidungsstrategie gegen zu große emotionale Nähe ansah, der sie entschieden entgegentreten musste. Als sie dann aufstand und ultimativ einen Spaziergang verlangte, war seine Laune für diesen Abend dahin. Er verstand die Welt nicht mehr, insbesondere die der Frauen. Als er dann mürrisch sagte, er habe keine Lust auf einen Spaziergang, war das für sie die Absage an eine gemeinsame Zukunft und als sie erwiderte, sie habe auch keine Lust mehr auf seine gemütlichen Abende, hatte sich für ihn die Frage der gemeinsamen Zukunft erledigt, weil es nicht mal eine lockere Gegenwart gab.

Kann man am Verhalten eines Menschen ablesen, ob und wie viel emotionale Nähe er gibt oder geben kann? Ist ein Streicheln Ausdruck einer emotionalen Nähe? Oder soll mit diesem Streicheln emotionale Nähe hergestellt werden? Sind also symbolische Handlungen wie ein Streicheln ein Hinweis auf die Existenz von emotionaler Nähe in einer Liebesbeziehung oder auf ihr Fehlen? Man sagt von Juristen, ihre typische Antwort auf alle komplizierten Fragen sei ein entschiedenes „Es kommt darauf an!" Auch bei Psychologen ist manchmal nicht mehr zu hören, allerdings bemühen wir uns redlich, dann weiter zu fragen. Man kommt dem Kern der Sache nämlich näher, wenn man unterstellt, dass jedes Paar eine eigene Symbolik entwickelt hat, so dass in den Handlungen eines Partners durchaus dessen Motive lesbar

sind. Dann erkennen bez
Art, wie die Flasche Rotw
ten sich damit verbinden.
reich sein oder die Tatsach
ausgestellt wurde. Auch der
beim Servieren, die Art und R
die Beleuchtung, der geöffnete
ihre beziehungsdynamische S
und Zielrichtung der Handlunge
eindeutig zu entschlüsseln sind.

Also können die vielen Missv
fen einer emotionalen Nähe doch … dass
man sich nicht versteht? Dies berü… …nstes Dilemma:
Um die Signale und symbolischen Handlungen des Partners verstehen zu können, muss man sich anscheinend eine Weile kennen und dies auch noch möglichst gut. Was aber machen die Menschen, die sich noch nicht so gut kennen, sich vielleicht erst einmal kennen lernen wollen, auch das noch nicht genau wissen, also das Bedürfnis nach emotionaler Nähe haben, aber noch nicht wissen, wie sie diese herstellen sollen? Ist dann eine Umarmung der Ausdruck innerer Zuwendung oder der Versuch, die Partnerin zum Schweigen zu bringen? Ist ein gemeinsames Lachen ein eindeutiger Hinweis auf eine vorhandene emotionale Nähe und ein viel versprechendes Verständnis zweier Verliebter oder verbirgt sich dahinter nichts als Unsicherheit, die überspielt werden soll?

Der Sprung durch den Feuerreifen

Wenn man sichergehen will, wie man einen Menschen richtig verstehen kann, dann muss man anscheinend zuvor durch einen Feuerreifen springen. Man muss das Risiko eingehen, sich selbst zu eröffnen, sich mitzuteilen, seine Unsicherheiten und Ängste zu benennen, seine Wünsche und Hoffnungen ausbreiten und sich mit all dem der Lächerlichkeit preiszugeben. Selbsteröffnung heißt das Zauberwort,

…at herstellen und halten kann, die …s anderen erschließen lässt. Emotiona… …scheinend mit solch einer intimen Begeg… …e wird sie erst möglich und durch sie kann sie …gehalten werden. Paare können anscheinend nur …motionale Nähe herstellen, wenn sie gegenseitig und …mer wieder sich eröffnen, sich mitteilen, sich erklären und sich so verstehen. Wer diesen Prozess des gegenseitigen Erklärens und Eröffnens für beendet erklärt, wer meint, alles verstanden zu haben, was da zu verstehen ist, der steht definitiv vor dem Ende seiner Liebesbeziehung – dem emotionalen oder auch dem juristischen Ende.

Wer es aber schafft, ein solch tiefes Verständnis in der Partnerschaft herzustellen, wer schon viele Male durch den Feuerreifen gesprungen ist, wer viele Konflikte und Missverständnisse durchlitten hat, der bekommt vom Leben einen großen Siegerpreis überreicht: die Nähe zum geliebten Partner, auch wenn dieser weit entfernt sein sollte. Emotionale Nähe ist nicht abhängig von physischer Präsenz. Intime Beziehungen überleben nicht nur schwierige und konfliktreiche Zeiten, sie überwinden auch große Distanzen. Wir alle kennen dies von unseren Eltern und Geschwistern: Man sieht sich eine Weile nicht, hört nichts voneinander und dennoch fühlt man sich ihnen innerlich emotional nah und kann beim nächsten Gespräch nahtlos an das letzte anknüpfen. Dies bedeutet eine konkrete Hoffnung für all jene, die hart daran arbeiten, eine solche Nähe in ihren Beziehungen herzustellen: Von einem gewissen Grad der Beziehungsqualität an kann man sich auch mal Abwesenheit leisten. Emotionale Nähe scheint schwer herstellbar und der Weg zu ihr scheint mit Missverständnissen gepflastert, aber bei einer erreichten Intimität und bei liebevollen Emotionen ist sie ebenso stabil wie stabilisierend.

Die Angst vor Nähe

Es gibt einen Sonderfall, der einer erfolgreichen emotionalen Nähe im Wege steht und der schier unüberwindbar zu sein scheint: die Angst vor zu großer emotionaler Nähe. Dabei gibt es zwei Varianten: Bei der ersten Variante haben die Menschen anscheinend zu viel Nähe erleben müssen, waren einer erstickenden und einschränkenden Nähe ausgesetzt und bei der zweiten Variante sind sie in nahen Beziehungen emotional verletzt worden. Die erste Variante erscheint leichter zu überwinden. Wer eine einschränkende Nähe erlebt hat, kann in einer liebevollen Beziehung die Erfahrung machen, dass die eigene Autonomie nicht gefährdet ist, wenn man sich emotional nah ist. Hier können konkrete Erlebnisse von Autonomie und Unabhängigkeit eine korrigierende Erfahrung ermöglichen, wenn der Partner verständnisvoll auf die Unabhängigkeitserklärungen reagiert und sie nicht als persönliche Kränkungen und Zurückweisungen interpretiert.

Schwieriger und weniger leicht zu korrigieren sind die Erfahrungen persönlicher Verletzungen in nahen Beziehungen. Die heute wahrscheinlich häufigste Variante ist die Erfahrung, als Kind plötzlich und ohne eigene Handlungsmöglichkeiten von einem Elternteil verlassen zu werden, weil die Eltern sich trennen. Diese traumatische Erfahrung des Verlustes einer emotional bedeutsamen Person wirkt sich häufig später im Erwachsenenleben auch auf die Fähigkeit aus, sich noch einmal voll und ganz in die Abhängigkeit einer emotional nahen Beziehung zu begeben. Menschen mit traumatischen Verlusterlebnissen gehen oft mit einem großen Sicherheitsabstand in ihre späteren Liebesbeziehungen, lassen sich nicht wirklich fallen in die Beziehung, gehen keine wirkliche Intimität ein, weil sie solch einen Verlust nicht noch einmal erleben möchten und erreichen damit genau das, was sie verhindern wollen. Eben weil sie keine Intimität eingehen und sich nicht wirklich emotional öffnen und Nähe zulassen, bleibt die Beziehung an einem bestimmten

Punkt stehen, erreicht keinen wirklichen Tiefgang und scheitert manchmal, bevor sie angefangen hat.

Die schlimmste Variante einer Angst vor emotionaler Nähe ist allerdings die Erfahrung vor emotionaler Vernachlässigung, Misshandlung oder gar eines sexuellen Missbrauchs innerhalb der eigenen Familie. Solche Kinder werden nicht nur in ihren kindlichen Bedürfnissen nach Nähe und Zärtlichkeit vernachlässigt und im sexuellen Missbrauch misshandelt, sie werden zudem in ihrer persönlichen Integrität zerstört. Sie werden als Sexualobjekte für die sexuelle Befriedigung eines Erwachsenen instrumentalisiert und leiden meist unter Gefühlen der Wertlosigkeit und Zweifeln an ihrer eigenen Wahrnehmung. Emotionale Nähe bedeutet für sie etwas Gefährliches. Sie haben als Kinder gelernt mit dem Trauma zu leben, indem sie die Erfahrungen abgespalten haben – so genannte Dissoziationen – und je besser sie dies geschafft haben, desto schwerer haben sie als Erwachsene einen Zugang zu ihren Gefühlen. Nur wenn ihre Partner extrem respektvoll mit ihnen umgehen, sind sie in der Lage, eine intime, emotional nahe Beziehung einzugehen, in der sie wieder Vertrauen in sich selbst und andere Menschen entwickeln können.

Ich habe in einer Paartherapie eine Frau kennen gelernt, die über sechs Jahre von ihrem Bruder sexuell missbraucht worden war. Diese Frau hatte große Probleme mit Nähe und so hatte sie ihren späteren Mann aus der sicheren Distanz über das Internet kennen gelernt. Sie haben diese Internetbeziehung über viele Monate gelebt, bevor sie sich trauten, sich persönlich zu sehen. Sie verstanden sich wunderbar, der Mann passte mit seiner spezifischen Beziehungsangst ausgezeichnet zu dieser scheuen Frau, und sie haben sehr lange gebraucht, bevor es zu den ersten sexuellen Kontakten kam. Emotionale Nähe hatte für beide eher etwas mit Worten, mit schriftlichen Mitteilungen oder auch mit zärtlichen Blicken zu tun, weniger mit Handlungen oder gar Sexualität. Dennoch gelang es ihnen, eine lebendige Sexualität zu entwickeln, weil beide auf die Eigenarten und Ängste des anderen Rücksicht nahmen. Die Frau konnte beispielsweise nur bei Licht sexuell intim sein und danach musste er das Bett wieder verlassen und im Nebenraum schlafen, weil die körperliche Nähe im gemeinsamen Bett für sie nicht auszuhalten war. So bewachte er ihren Schlaf vom Nebenzimmer aus, sie fühlte sich sicher und er wurde ihr Beschützer. Sie hatten gelernt, mit ihren Ängsten zu leben, hatten sich arrangiert und gemeinsam eine emotionale Nähe entwickelt, die spezifisch für ihre Beziehung war.

Im Gewächshaus intimer Beziehungen

Warum ist emotionale Nähe für die meisten Menschen das Wichtigste in ihren persönlichen Beziehungen? Weil wir verstanden werden wollen in der Einzigartigkeit unseres Daseins. Weil wir nur in einer emotionalen und verständnisvollen Beziehung uns fallen lassen können, Masken und Äußerlichkeiten ablegen können und vor allem, weil wir anscheinend solch ein Klima brauchen, um Wachsen und Reifen zu können. Persönliche Entwicklung gedeiht anscheinend nur in diesem Gewächshaus intimer Beziehungen. Unseren Körper können wir ins Fitness-Studio bringen und mit Sport stärken, unseren Geist können wir durch Bildung oder Meditation schulen, aber unsere Persönlichkeit braucht die Herausforderungen durch persönliche und intime Beziehungen, insbesondere Liebesbeziehungen, um sich weiterentwickeln zu können.

Der Philosoph Arthur Schopenhauer hat einmal in einer Parabel die Angst der Stachelschweine vor zu großer Nähe beschrieben. „Eine Gesellschaft Stachelschweine drängte sich, an einem kalten Wintertage, recht nahe zusammen, um durch die gegenseitige Wärme, sich vor dem Erfrieren zu schützen. Jedoch bald empfanden sie die gegenseitigen Stacheln; welches sie dann wieder voneinander entfernte. Wann nun das Bedürfnis der Erwärmung sie wieder näher zusammenbrachte, wiederholte sich jenes zweite Übel; sodass sie zwischen beiden Leiden hin und hergeworfen wurden, bis sie eine mäßige Entfernung voneinander herausgefunden hatten, in der sie es am besten aushalten konnten. – So treibt das Bedürfnis der Gesellschaft, aus der Leere und Monotonie des eigenen Innern entsprungen, die Menschen zueinander; aber ihre vielen widerwärtigen Eigenschaften und unerträglichen Fehler stoßen sie wieder voneinander ab. Die mittlere Entfernung, die sie endlich herausfinden und bei welcher ein Beisammensein bestehen kann, ist die Höflichkeit und feine Sitte. Dem, der sich nicht in dieser Entfernung hält, ruft man in England zu: keep your distance! – Vermöge derselben wird zwar das Bedürfnis gegenseitiger Erwärmung nur unvollkommen befriedigt, dafür aber der Stich der Stacheln nicht empfunden. – Wer jedoch viel eigene, innere Wärme hat, bleib lieber aus der Gesellschaft weg, um keine Beschwerde zu geben, noch zu empfangen." (Schopenhauer, Arthur, 1988, Seite 559–560, zit. nach Ina Grau, 2003, 286).

Übertragen auf unsere heutige Zeit mag Schopenhauer Recht haben mit dem Winter und dem Wunsch nach Wärme durch Nähe. Aber so, wie die Stacheln das Stachelschwein vor den Feinden schützen sollen, und es seine weichsten Körperstellen für den intimen Kontakt zu anderen Stachelschweinen vorbehält, so brauchen auch die Menschen ihre Stacheln nur zum Schutz vor Gefahren. Menschen sind insofern abhängiger von emotionaler Nähe, als es die Stachelschweine bei Schopenhauer sind. Wir haben nicht die Wärme aus uns selber heraus, unsere innere Wärme ist immer eine Beziehungswärme. Und so wie die Säuglinge sterben, wenn sie diese Wärme nicht bekommen, so verkümmern die Erwachsenen und werden zu Stachelschweinen, die sich mit ihren Stacheln vor Nähe schützen müssen, weil sie zu große Angst vor der Nähe haben.

Emotionale Nähe im Alltag

Wie kann emotionale Nähe im Alltag in einer Paarbeziehung hergestellt werden? Der einfachste Weg ist die direkte Kommunikation über positive Gefühle oder über intime Mitteilungen. Aber über die bloße Mitteilung hinaus – dass man den anderen mag, dass sie heute besonders gut aussieht, dass man sich selbst wohl fühlt oder dass man sie vermisst – gibt es Mitteilungen, die nur vom anderen Partner wirklich verstanden werden können. Es sind selbst erfundene Koseworte, Berichte über gemeinsame Erlebnisse der Vergangenheit oder spezielle Formulierungen, deren Bedeutung sich nur dem anderen erschließen. Solche paarspezifischen Mitteilungen sind „intime Codes", die sowohl Ausdruck einer intimen Beziehung sind als auch ihre permanente Erneuerung und Verstärkung. Hier wird Intimität ausgetauscht, erschaffen, vertieft und erneuert. Und zugleich stellt sich quasi nebenbei als eine Art Nebenprodukt emotionale Nähe ein. Wenn Botschaften und Intimitäten zwischen Partnern ausgetauscht werden, entstehen automatisch Gefühle der Verbundenheit und Nähe. Dies ist zudem das Geheimnis glücklicher Paare. Solche Paare unterscheiden sich von anderen Paaren dadurch, dass sie mehr miteinander kommunizieren, sich austauschen und mitteilen, aber zudem in diesen Prozess Worte, Bilder, Begriffe und Erlebnisse einfließen lassen, die nur sie verstehen oder die nur sie mit bestimmten Erlebnissen und Gefühlen verbinden können. Leider bezieht sich diese Erkenntnis nicht nur auf positive Kommunikation, sondern auch auf negative. Kommunikation kann emotionale Nähe herstellen, aber auch emotionale Distanz schaffen. Und dazwischen liegt manchmal nur ein schmaler Grat.

4. Zicken und Maulen, Schweigen und Schreien

Kommunikation unter Stress

Manchmal drehen sich die Gespräche zwischen den Partnern nur noch im Kreis. Sie weiß schon, was er sagen will, bevor er nur den Mund aufgemacht hat und sie sieht das allein schon an der Art, wie er sie ansieht. Ihn macht diese Kommunikation rasend, das ist alles nur schlechte Laune für ihn, warum kann sie nicht mal lösungsorientiert denken, zumal er schon die Lösung für das Problem hat. Aber er kommt bei ihr ja nicht zu Wort. Nachdem er sich ihre Vorwürfe und Anklagen eine Weile angehört hat, erhebt er seine Stimme, sie schreit, er solle sie nicht so anbrüllen, und dann verlässt er genervt das Wohnzimmer. Er beschließt, den restlichen Abend vor der Glotze zu verbringen, es gibt Fußball, also ist der Abend doch noch gerettet. Für ihn ist die Sache damit erledigt, für sie haben die Probleme damit erst richtig angefangen. Wenn er nicht mal bereit ist, sich überhaupt anzuhören, was sie ihm sagen möchte, wenn er wieder schnell mit seinen Lösungen kommen will, bevor sie überhaupt ausgeredet hat und er das Problem verstanden hat, dann will sie überhaupt nicht mehr mit ihm reden.

Kaum ein deutscher Psychologe hat es verstanden, derartige Paarkommunikationen so treffend und eindringlich zu beschreiben wie Viktor von Bülow, genannt Loriot. Es scheint, als ob das gezielte Missverstehen zwischen den Partnern einem geheimen Szenario folgt. Die Ironie gerät schon fast zum Sarkasmus und der typische Kommentar: „Männer und Frauen verstehen sich einfach nicht!" hilft auch nicht wirklich weiter, um derlei von vornherein zum Scheitern verurteilte Kommunikation zu verstehen.

Die partnerschaftliche Kommunikation unter Stress kann durch zwei Aspekte gekennzeichnet werden: Erstens wird sie zunehmend negativ und zweitens wird sie irgendwann ganz eingestellt. Diese Art der negativen ehelichen Kommunikation wurde beispielsweise auch von August Strindberg in Romanen und Theaterstücken trefflich beschrieben; dabei geht es um Sarkasmus, Zynismus oder Ironie oder auch wundersame Verbindungen all dieser destruktiven Kommunikationsformen. Sie entstehen aus einer Mischung aus verletzten Gefühlen, Kränkungen und Trauer einerseits und massiven Gegen-Aggressionen gegen den Partner andererseits. Der zweite Aspekt bedeutet Rückzug aus der Kommunikation, vielleicht noch begleitet von Maulen und stummer Anklage.

Positive und negative Kommunikation

Die Erkenntnisse der seriösen Psychologie zur Paarkommunikation (vergl. J. Gottman, 1993, „A theory of marital dissolution and stability", Journal of Family Psychology) sind zunächst einmal beruhigend. Nicht jede Kommunikation dieser Art treibt das Paar in die Nähe von Trennung und Scheidung, es kommt auf das Verhältnis von positiver und negativer Kommunikation in einem bestimmten Zeitraum an. Positive Kommunikationen sind beispielsweise: freundlich und zugewandt sein, sich anlächeln, sich zärtlich berühren, sich Komplimente machen, auf den anderen zugehen, Verständnis zeigen. Humor und positive Lebenseinstellung gehören ebenso dazu wie gemeinsame Aktivitäten, gemeinsame angenehme Erfahrungen im Alltag oder einfach nur Zuhören. Solche Erlebnisse und Verhaltensweisen reduzieren nicht nur das Stresserleben, sondern haben sich geradezu als Schutzfaktoren einer zufriedenen und dauerhaften Bindung erwiesen. Wenn Sie in der Lage sind, glaubhaft in dieser Weise mit ihrem Partner oder ihrer Partnerin zu kommunizieren, dann können Sie sich für fünf positive Kommunikationsformen auch mal eine negative in der Woche leisten.

Kritik

Die negativen Kommunikationsformen sind (nach Gottman) vor allem vier, die er „die vier apokalyptischen Reiter" nannte. Der erste betrifft eine Form der Kritik, die aus einem einmaligen Ereignis eine generelle Haltung werden lässt, wie z. B.: „Du kommst immer zu spät." Während der zu spät kommende Mensch stets geneigt sein wird, sein Zu-Spät-Kommen auf situationsbedingte Umstände zurückzuführen – es war dichter Verkehr, andere haben mich aufgehalten, ich musste noch das Kind versorgen – macht der kritische Kommentar aus dem einmaligen oder auch mehrmaligen Ereignis eine Persönlichkeitseigenschaft und sieht damit die Ursache für das Zu-Spät-Kommen nicht mehr in äußeren Bedingungen, sondern in der Person begründet. Wer dennoch die Vermutung hat, dass der Partner chronisch zu spät kommt und dieser Umstand nicht immer auf alle möglichen äußeren Gründe zurückgeführt werden kann, sollte es mal mit Ironie versuchen: „Welche Gründe haben dich denn heute wieder daran gehindert, pünktlich zu sein, Liebling?" Damit verdeutlichen Sie ironisch ihren Standpunkt – vielleicht könnte es auch etwas mit dir zu tun haben, dass du nie pünktlich sein kannst – aber bringen die Botschaft in eine nette Verpackung, so dass der Partner sie eher annehmen kann und sie nicht als fundamentale Kritik an seiner Persönlichkeit verstehen muss.

Verachtung

Der zweite große Fehler in der Paarkommunikation bezieht sich auf den Umgang mit Aggressionen. Natürlich machen fehlerhafte Verhaltensweisen des Partners nicht nur nervös, unruhig und ungeduldig, sondern auch schlicht aggressiv. Wenn man es schaffen kann, diese Aggressionen zu zeigen und gleichzeitig deutlich zu machen, dass es etwas mit bestimmten Situationen zu tun hat, die man verändern möchte, dass nicht der Partner mit seiner gesamten Persönlichkeit zu verurteilen ist und dass man sich bemühen möchte, seinen Beitrag dazu zu leisten, dieses Fehlverhalten abzustellen, dann hat man schon fast die Nominierung für den Friedensnobelpreis erzielt. Es ist aber tödlich für eine partnerschaftliche Kommunikation, diese Aggressionen – so berechtigt sie auch sein mögen – in eine massive Abwertung und Verachtung des Partners umschlagen zu lassen. Aussagen wie: „Du bist einfach beziehungsunfähig!" haben eine negative Langzeitwirkung auf dem ganz persönlichen Beziehungskonto und bedürfen langer und intensiver Wiedergutmachungen, sofern sie überhaupt jemals wieder aus der Welt zu schaffen sind.

Rechtfertigung

Der dritte Kommunikationsfehler bezieht sich auf den Fall, dass man selbst vom Partner angegriffen wird und sich zur Wehr setzt. Solche Gegenwehr oder Gegenkritik kann – auch wenn sie noch so berechtigt ist – leicht über das Ziel hinausschießen. Dann fallen Sätze wie: „Und du bist ein völliger Chaot." Oder: „Und du hast dein Leben noch nie auf die Reihe gekriegt!" Oder: „An deiner Stelle würde ich den Mund nicht so aufreißen, du hast das ja selbst noch nie geschafft!" Dies sind Sätze, die eine hohe Befriedigung der aggressiven Impulse ermöglichen, aber auch sie haben negative Langzeitwirkungen nicht nur bei extrem nachtragenden Menschen. Damit wir uns nicht missverstehen: Es geht nicht darum, die durch den Partner bzw. sein Fehlverhalten ausgelösten Aggressionen zu unterdrücken, weichzuspülen, in Liebe und Watte zu verpacken und dazu in endloser Güte zu lächeln, während man möglicherweise gleichzeitig denkt: „Du blöder Kerl!" Zeigen Sie ruhig ihre Aggressionen, aber bleiben Sie dabei in der Situation, bleiben Sie konkret in Bezug auf ein Fehlverhalten und machen Sie aus Ihrer Gegenwehr oder Kritik keine grundlegende negative Persönlichkeitseigenschaft Ihres Partners. Sonst riskieren Sie die berechtigte Rückfrage: „Und warum bist Du überhaupt noch mit solch einem Idioten (Monster, Chaoten, Versager etc.) zusammen?" Beide Partner müssen bei einem solchen Streit immer das Gefühl haben, dass sie sich miteinander streiten, weil sie ein bestimmtes Verhalten ändern möchten. Wenn Sie mit dem Fehlverhalten eines Menschen die ganze Person zum Versager erklären, dann haben Sie mit dem Bad auch das Kind ausgeschüttet.

Rückzug

Die letzte und verzweifelte Reaktion besteht darin, nichts mehr zu sagen, den Partner nur noch abzublocken, emotional abzukühlen und zu versteinern. Das ist eine Art der Bestrafung des Partners, die ihm das Gefühl gibt, es nicht mehr wert zu sein, dass man überhaupt noch mit ihm redet, und ihn eines Gefühls für würdig zu halten. Ignorieren ist weit jenseits der offenen Aggression und geht auch schon über das Mitleid hinaus. Wenn man auf diese abblockende Weise den anderen ignoriert, seine Reden gar nicht mehr ernst und wahrnimmt, nur noch durch ihn hindurch schaut, dann löscht man damit seine Existenz als Gegenüber, zumindest für den Moment. Wie soll man als solcherart ignorierter, keiner Emotion mehr Würdiger überhaupt noch reagieren? Die verzweifelte Selbstachtung zwingt zum Abbruch der Kommunikation: „Wenn ich es nicht mehr wert bin, von dir angeschaut und als Mensch wahrgenommen zu werden, wenn ich nicht mal mehr eine Antwort verdiene, dann kann ich mich nur noch in mich selbst zurückziehen, und wenn wir Glück haben, können wir später noch einmal miteinander reden!"

Einige Jahre nach der Entdeckung dieser „vier apokalytischen Reiter" hat Gottman 1998 noch einen fünften hinzugefügt, den er „belligerence" genannt hat, was im Deutschen meist mit „provokative Machtdemonstration" übersetzt wird. Betrachtet man aber den Wortstamm des englischen Worts „belligerence", so erkennt man noch den Bezug zum lateinischen Wort für Krieg (bellus) – eine treffendere Übersetzung wäre daher „Kunst der Kriegsführung"! Dazu gehören Aussagen wie „Da kannst du dich auf den Kopf stellen, ich mache trotzdem was ich will", „Ich gehe heute Abend aus, und zwar mit … und du kannst machen, was du willst" oder „Ich fahre in den Urlaub und mir ist egal, was du machst".

Eine Perfektion dieser „Kunst der Kriegsführung" in der Paarkommunikation stellen die schon klassischen Dialoge in dem Stück „Wer hat Angst vor Virginia Wolfe" von Edward Albee dar, ideal besetzt mit Liz Taylor und Richard Burton in den Hauptrollen.

„Martha überlegt eine Sekunde: *Du kotzt mich an!*
George: *Was?*
Martha: *Du … kotzt mich an.*
George: *Das war nicht sehr nett, Martha.*
Martha: *Das war nicht … was?*
George: *… nicht sehr nett.*
Martha: *Dein Zorn imponiert mir! Ich glaub', ihn liebe ich am meisten an dir … Deinen Zorn! Mensch, bist du ein … Waschlappen! Du hast keinen Funken … keinen Funken … na, was denn schon …?!*
George: … *Mumm in den Knochen …?*
Martha: *Quatschkopf!*
Pause. Dann lachen beide.
Martha: *Gib mir noch'n Stück Eis. Du gibst mir nie Eis … Warum eigentlich nicht, hm?*
George nimmt ihr Glas: *Ich geb' dir immer Eis. Du frißt*

es eben … wie ein Cockerspaniel seinen Knochen. Eines Tages beißt du dir daran die Zähne aus.
Martha: *Sind ja schließlich meine Zähne!*
George: *Nicht alle … alle nicht …!*
Martha: *Ich hab' immer noch mehr Zähne als du.*
George: *Zwei mehr.*
Martha: *Zwei mehr ist viel!*
George: *Vielleicht. Sogar sicher, wenn man bedenkt, wie alt du bist.*
Martha: *Hör auf! Fang' nicht damit an!*
Pause.
Martha: *Du bist auch nicht mehr der Jüngste.*
George wie ein Junge: *Ich bin sechs Jahre jünger als du … ich war's immer …* singt: *„ … und werd' es e-ewi-ig, e-e-wi-ig blei-ei-ei-ei-ei-ei-ben!"*
Matha sauer: *Du kriegst eine Glatze.*
George: *Du auch.*
Pause. Sie lachen beide. "
Aus: Edward Albee, Wer hat Angst vor Virginia Wolfe? Frankfurt am Main, 2003 (Fischer)

Das Paar zerfleischt sich, erniedrigt sich, wertet sich gegenseitig ab und versucht in einem gezwungenen Lachen immer wieder so zu tun, als ob die Angriffe und Erniedrigungen durch den anderen dem Getroffenen überhaupt nichts ausmachen würde – ein Lachen, das eigentlich im Halse stecken bleiben müsste. Es ist aber ein Spiel, um das beide wissen und das sie seit vielen zermürbenden Ehejahren fast mit Begeisterung spielen. Solche Dialoge sind wahre paardynamische Kunstwerke. Bei Streitpaaren entbrennen sie an den belanglosesten Differenzen: welches der kürzere der beiden Wege zwischen zwei Orten ist, ob der Farbton am Kleid der Nachbarin eher ins bläuliche oder mehr ins rötliche Lila geht, ob die Gummistiefel der Kinder auf der Treppe oder vor der Treppe ausgezogen werden sollten, ob der Begriff animalisch auf Menschen überhaupt angewendet werden darf oder ob das berühmte 5-Minuten-Ei nicht eher ein 4-Minuten-Ei ist. Der darauf folgende Streit wird immer grundsätzlich, geht bis zur persönlichen Verletzung und Entwertung, verliert schon nach kurzer Zeit den Anlass aus den Augen und hat eine verselbständigte Dynamik. Anders als bei Gewalt-Ehepaaren, bei denen nach zwölf Sekunden Streit entweder zur Gewalt übergegangen oder aber das Gespräch abgebrochen wird, kosten Streitpaare in wahrhaft sadomasochistischer Manier den Streit aus, genießen und perfektionieren ihn. Besonders kunstvoll wird es, wenn jede der Parteien schon im Voraus – wie beim Schachspiel – die Antworten des anderen kennt, sie in seinen eigenen Angriffen vorwegnimmt, zu umgehen oder zu entkräften versucht. Die Rivalität ist der Hintergrund, der Kampf um die eigene Autonomie der Kern und die zeremonielle oder rituelle Aggression die äußere Erscheinung dieses titanischen Kampfes.

In diesen Aussagen steckt in jedem Satz die mögliche Aufkündigung der Beziehung, erscheint die Trennung als allgegenwärtig. Aber zugleich wird durch die Fortsetzung der Kommunikation deutlich, dass die Partner einen Kampf austragen, der sie fast schon wieder bindet. In dieser „Kunst der Kriegsführung" haben sie beide eine Gemeinsamkeit, eine Bindung, einen Kontakt, der für sie etwas Besonderes darstellt. Für den aufmerksamen Zuhörer gibt es hinter dem gehörten Dialog einen zweiten, nicht hörbaren, und der ist entschieden positiver. Diese hintergründige Einigkeit des Paares besagt: Wir brauchen diese Kämpfe miteinander, sie hören sich nur so schlimm an, aber wir meinen das alles nicht so wörtlich, es macht uns sogar Spaß, uns auf diese Weise zu streiten, weil wir damit auch Aggressionen entladen können, wir lieben es, auf so intelligente Art miteinander zu kämpfen, aber wir sind uns auch bewusst darüber, dass wir auf des Messers Klinge tanzen, dass die stark aggressive Färbung unserer Dialoge jederzeit destruktiv werden kann. Liz Taylor und Richard Burton waren auch deshalb eine Idealbesetzung der beiden Rollen, weil sie nicht nur Rollen, sondern auch sich selbst gespielt haben. Sie waren verheiratet, dann getrennt, dann haben sie wieder geheiratet und sich wieder getrennt, aber letztlich war allen klar, dass sie füreinander geschaffen waren und beide füreinander die große Liebe des Lebens waren.

Humor

Jedes Paar entwickelt eine bestimmte Streitkultur, die mit vielen Portionen Humor – Sie sollten dabei möglichst über sich selbst lachen und nicht über den anderen – und Ironie gespickt sein sollte. Im Humor steckt aber noch eine andere, bedeutsame Möglichkeit für die partnerschaftliche Kommunikation. Mit Humor kann eine Unterbrechung einer negativen Eskalation erfolgen. Eine negative Äußerung eines Partners führt meist zur negativen Gegenreaktion, ein Wort ergibt das andere, beide handeln aus verletzten Gefühlen oder gar aus einer Kränkung heraus, stabilisieren sich selbst aber wieder durch verbales Kontern, ziehen sich dann beleidigt und gekränkt zurück, lecken ihre Wunden und verändern in der Distanzierung, im Rückzug oder gar der Isolation das Bild des anderen in negativer Weise. Dies führt in Fortsetzung der negativen Schleifen auch zu einer verändert negativen Sicht der gesamten Beziehungsgeschichte und alle neuen Erlebnisse werden entsprechend der inneren negativen Muster als Bestätigung einer großen Täuschung und Enttäuschung interpretiert. Am Ende wird die gesamte Beziehung durch eine „schwarze Brille" gesehen, so wie am Beziehungsanfang alles nur durch eine rosarote gesehen wurde. Insofern haben die Paardialoge von Loriot eine durchaus therapeutische Wirkung. Man kann über sich selbst lachen, gewinnt Distanz zu den eigenen Problemen, kann sich und seine Partnerschaft aus einer freundlich-menschlichen Perspektive betrachten und damit lösen sich verbissene Haltungen in Humor auf – wenn es denn gelingt.

Die partnerschaftliche Kommunikation ist ja auch nicht immer gleich, sondern ändert sich je nach Konfliktthema.

Manche Themen kann man mit wachsender Begeisterung stundenlang besprechen, meist ohne besonderes Ergebnis, und manche sind eben Reizthemen, da genügt ein falscher Unterton in der Stimme, um sämtliche Toleranz im selben Moment aufzuheben. Es sind die eigenen verwundbaren Seiten und die des Partners, es sind alte Wunden oder persönliche Schwachstellen, die angerührt werden. Sie fordern den betroffenen Partner zu sofortigen und massiven Schutzreaktionen heraus. Wenn jemand solche wunden Punkte anspricht, dann handelt es sich meist um eine Form der gezielten Aggression, die eine Gegenaggression nach sich ziehen muss. Solch ein Partner will nicht mehr wirklich reden, will nicht ernsthaft den anstehenden Konflikt lösen, sondern seine Wut loswerden und dabei den anderen verletzen.

Die partnerschaftliche Kommunikation ändert sich auch im Verlauf einer längeren Beziehung. In jeder Paarbeziehung gibt es Zeiten, in denen die Konflikte eher vermieden und heruntergespielt werden, dann wieder werden sie sehr sachlich ausgetragen oder auch mal lebhaft impulsiv. Solche Paare haben noch eine lebendige Beziehung, die wollen noch etwas voneinander und miteinander und davon zu unterscheiden sind diejenigen Paare, die nur noch eine feindselige Beziehung haben und darin entweder verstrickt oder distanziert sind. Bei diesen Paaren ist der Alltag selbst schon zum Problem geworden. Eine Klientin drückte dies so aus: „Ob wir eine Zukunft miteinander haben, kann ich überhaupt nicht sagen. Im Moment leben wir von Woche zu Woche miteinander, manchmal nur von einem Tag zum nächsten. Wir machen uns gegenseitig fertig im Alltagsstress."

Normale Alltagskonflikte

Alltagsstress muss unterschieden werden von den normalen Konflikten des Alltags oder denen der partnerschaftlichen und familiären Entwicklung, den so genannten Entwicklungskrisen. Alltagsstress wird als überflüssig, Energie raubend und nervend erlebt, der Sinn ist oftmals nicht nachvollziehbar und sehr schnell stellen sich Fragen nach der Schuld oder der Ursache allen Übels ein. Die konkreten Partner erscheinen dann häufig als die Antwort auf all diese Fragen. Alltagsstress vergiftet aber nicht nur die Atmosphäre, ist eine Quelle aller nur möglichen negativen Gefühle, er verändert nicht nur das Bild vom Partner und der Partnerschaft in negativer Weise, sondern er sorgt auch in letzter Konsequenz dafür, dass eine schöne, entspannende Zeit miteinander verloren geht. So fragt sich manchmal das gestresste Paar, was sie mit der wunderbaren Zeit doch viel Besseres, Angenehmeres und Erholsameres hätten machen können, als sich wieder mal sinnlos zu streiten. Die verlorene Zeit stellt auf diese Weise ein weiteres Problem dar, insbesondere bei solchen Paaren, die durch Beruf oder Kinder extrem wenig Zeit haben. Oftmals handelt es sich bei Karriere-Paaren oder jungen Eltern um Paare mit hoher gefühlter Fremdbestimmung und sehr geringer Selbstbestimmung. Der Job diktiert den Tagesrhythmus ebenso wie die ultimativen Bedürfnisse der Kinder.

Eine der bedeutsamsten Erkenntnisse der modernen Stressforschung ist allerdings darin zu sehen, dass es nicht der Stress an sich ist, der zum Ende der Paarbeziehung führt, sondern vielmehr der Umgang mit ihm. Wir wissen aus anderen Bereichen – wie beispielsweise der Entwicklungspsychopathologie – dass es nicht die Konflikte an sich sind, die die Menschen zur Verzweiflung oder einfach nur in die falsche Entwicklungsrichtung drängen. Konflikte gehören zum Leben dazu, sind in vielen Fällen normal und normativ und Reifung kann heute in der Psychologie nur noch mit und durch die Konflikte gedacht werden, aber nicht mehr als konfliktfreier, harmonischer, paradiesischer Raum. Auf den Umgang mit den Konflikten kommt es an. Dies bedeutet, dass nicht die Konflikte selbst das Problem sind, sondern die Frage ihrer Bewältigungsmechanismen. So kann beispielsweise ein Paar deutlich mehr Probleme haben als ein anderes, dennoch fühlt es sich weniger gestresst, weil ihre

Möglichkeiten, mit ihnen umzugehen, reichhaltiger sind und vor allem weil sie beide an einem Strang ziehen, die gemeinsamen Probleme auch versuchen gemeinsam zu lösen und nicht gegeneinander.

Teamgeist

Die gemeinsame Lösung von Konflikten macht glücklich! Diejenigen Partner, die es schaffen, Teamgeist zu entwickeln, die für sich das Gefühl haben, an einem Strang zu ziehen, lösen damit nicht nur besser die Alltagsprobleme, sie bauen sich damit auch einen Erfahrungsschatz für zukünftige Problemlösungen auf und erleben sich zudem als glücklicher im Vergleich zu anderen Paaren.

In den letzten Jahren hat die sozialpsychologische Stressforschung bei Paarbeziehungen eine interessante Richtung eingeschlagen, die sich mit dem Begriff „dyadisches Coping" verbindet. Darunter wird die Fähigkeit verstanden, nicht individuell, sondern gemeinsam die Konflikte, die Probleme oder den Stress in einer Beziehung zu bewältigen. Damit geht es nicht mehr um individuelle Lösungen oder Kompetenzen, sondern um eine systemische und ressourcenorientierte Leistung des Paares. Jeweils alleine würden die Partner den aktuellen Konflikt vielleicht gar nicht lösen können, aber gemeinsam entwickeln sie „synergetische Kräfte", können sie Ressourcen aktivieren, die mehr sind als die Summe ihrer Einzelfähigkeiten. Diese besonderen Kompetenzen beziehen sich auf die Stressbewältigung im Alltag und können erlernt und verändert werden.

Das Besondere an diesen Alltags-Kompetenzen ist allerdings, dass sie in Stresssituationen oftmals nicht abrufbar, nicht wirksam, nicht zugänglich sind. Dies entspricht ja durchaus dem Alltagserleben der meisten Menschen: Wenn ich gut drauf bin, dann kann ich mit den schwierigsten Situationen gut umgehen, wenn ich Zeit und Ruhe habe, dann kann ich Lösungen erarbeiten, wenn ich mich geliebt fühle, dann kann ich auch mit Kritik gut umgehen. Aber wenn man keine Zeit hat, schlecht drauf ist, sich angemacht fühlt und sich die stressige Situation weiterhin zuspitzt, dann versagen die Lösungskompetenzen und Bewältigungsstrategien, dann wird der Partner nicht als hilfreiche Entlastung und Quelle der Liebe, Ruhe, Ausgeglichenheit und Freude erlebt, sondern als nerviger, ungerechter Mensch, der eher eine zusätzliche Belastung in der Lebenssituation darstellt und der zunehmend ein Teil des Problems zu sein scheint. Dann verkehrt sich die Liebe in Wut, die Zweisamkeit in Einsamkeit.

Die Erfahrung der gemeinsamen Lösung von Konflikten und damit der Sieg des Teams gegen die Widrigkeiten des Alltags ist wahrscheinlich sogar bedeutsamer als die letztendlich gefundene Lösung. Und wenn das Gefühl verloren geht, zusammenzuarbeiten, die Ehe oder Familie als ein gemeinsames Projekt anzugehen, dann ist die eheliche Gemeinschaft gestört und das Projekt Ehe gefährdet. Dabei erscheint es weniger bedeutend, ob die Partner in der Stressbewältigung gleiche, ähnliche oder komplementäre Strategien einsetzen.

Insbesondere Frauen suchen heute einen Partner, der ihnen verantwortlich und verlässlich erscheint. Diese Verlässlichkeit ist die entscheidende Persönlichkeitseigenschaft eines Partners, der ausgewählt wird, um der Vater der gemeinsamen Kinder zu sein und damit das Projekt Ehe zu starten. Im Verlauf einer Beziehung oder einer Ehe, die mit dem Ziel, gemeinsam Kinder zu haben, begonnen wird, ändern sich diese vorher eindeutig identifizierten Persönlichkeitseigenschaften des Partners drastisch. Hat er die Partnerin getäuscht oder hat sie in ihm etwas gesehen, was sie sehen wollte, hat sie etwas in ihn hineingeliebt, um es aus ihm wieder herauszulieben, war es Täuschung oder Selbsttäuschung?

Zu den wahrscheinlicheren Folgen von chronischem Stress gehört auch die banale und alltägliche Erfahrung vieler Paare, dass chronischer Stress die unangenehmen Seiten der eigenen Persönlichkeit oder der des Partners offen legt. Dass man sich auf diese Weise auch besser kennen lernen kann oder auf diese Weise vielleicht erst die Voraussetzungen dafür schafft, die negativen, unangenehmen, unterentwickelten oder störenden Eigenschaften bei einem selbst oder dem anderen erkennen und angehen zu können, erscheint in diesem Zusammenhang wenig tröstlich. Unter Stress werden Paare dazu gezwungen, das Ideal von sich selbst, vom anderen und auch von der Beziehung leidvoll zu korrigieren.

Tritt nun bei Stress der wahre Kern der Persönlichkeit hervor oder zeigen die Menschen dann nur ihre hässlichen Seiten, die man in der Verliebtheit vorher gar nicht gesehen hat oder nicht wahrhaben wollte? Zumindest lässt sich in einer stressigen Zeit eine vollkommene Idealisierung des Partners nicht mehr aufrechterhalten. Dann erscheint der ehemals starke Partner schwach, der tolerante erscheint intolerant, der selbstsichere plötzlich ängstlich, der verständige dominant und ignorant. Was ist nun schlimmer für einen verliebten Partner: diese Eigenschaften plötzlich am anderen zu erkennen oder zu realisieren, dass man den Partner so sehr idealisiert hat, dass man blind war vor Liebe?

Nach meinen paartherapeutischen Erfahrungen sind es nicht so sehr die Enttäuschungen durch den Partner oder die Partnerschaft als vielmehr die Enttäuschungen von sich selbst. Das klingt sehr reif und reflexiv und ist es in Teilen auch, aber leider ist das der Umgang mit dieser notwenigen Korrektur des Selbstbildes nicht. Ich habe in den letzten Jahren häufig – insbesondere von Frauen – eine besondere Begründung für einen Trennungswunsch gehört, der da mit den Worten einer Klientin so lautet: „Ich will gar nicht sagen, dass mein Mann schlecht ist, eigentlich hat er sich auch gar nicht geändert. Er ist heute noch so wie immer und versteht die

Welt nicht mehr, dass ich mich trennen will. Auch als Vater unserer Kinder ist er wirklich toll. Aber die Beziehung ist so geworden, dass ich mich selber nicht mehr mag. Ich fühle mich wie ein Gast im fremden Leben, ich mag mich selbst so nicht mehr und ich glaube, das ist es, was die Beziehung aus mir in den letzten zwölf Jahren gemacht hat."

Wir haben durch die Paarbeziehung eine Reihe von Möglichkeiten und Begrenzungen, die wir nutzen oder verändern können und die uns dann andere Spielräume geben für unsere persönlichen Entwicklungen. In der Fußball-Sprache würde man sagen: Wir können immer nur so gut sein, wie der Gegner es zulässt. Auch in Paarbeziehungen fordern wir uns heraus, geben uns gegenseitige Anreize und auch Hemmnisse für eigene Entwicklungen und es wäre im Falle der o.a. Klientin vielleicht besser, wenn sie zusammen mit ihrem Mann zumindest den Versuch unternehmen würde, ihre Paarbeziehung so zu verändern, dass sie damit die Rahmenbedingungen und Herausforderungen haben kann, sich selbst zu ändern. Das hat sie dann auch getan, ihr Mann kam „ihr zuliebe" mit in die Therapie und hat dort für sich erst erfahren, dass es ihm eigentlich doch gar nicht so gut ging, wie er bislang dachte, woraufhin er erstmal die Paartherapie wieder abbrechen wollte.

Vielleicht besteht einer der häufigsten Gründe, die außerhalb der Therapiezimmer kaum offen besprochen werden, darin, dass Menschen (meist Frauen) die Beziehungen beenden wollen, weil sie sich so nicht mehr mögen, sich nicht mehr fühlen können. Ihr Selbstbild, ihr Idealbild passt nicht mehr zu ihrer Realität und gleichzeitig erleben sie sich als so abhängig in der Beziehung, so funktionalisiert und instrumentalisiert, dass sie positive Veränderungen innerhalb der Beziehung nicht mehr für möglich halten. Sie erleben und glauben, dass wirkliche persönliche Entwicklung und Reifung nur noch außerhalb der Beziehung oder gar gegen sie möglich ist, aber nicht mehr in ihr. Die Frage bleibt aber bestehen: Wie müsste sich die Paarbeziehung ändern, damit man sich selbst wieder mag?

Meist wird dieses Problem von Frauen angesprochen. Sie erleben sich selbst dann als zickig, kleinlich, kritisierend, abwertend, wenig wertschätzend, bei jeder Kleinigkeit explodierend, frustriert und grundlegend unzufrieden. Die häufigsten Abwehrreaktionen und Gegenargumente der Männer verstärken das Problem noch mehr, indem sie empfehlen, eine Therapie zu beginnen oder wieder arbeiten zu gehen. Die Meinung der Männer ist hier eindeutig: Die Frau ist frustriert, sie hat ein Problem, sie ist das Problem, also soll sie etwas dagegen tun.

Für Frauen hat die Frustration meist sehr viel mit ihrer Partnerschaft und Situation als Mutter und Hausfrau zu tun, außerdem können sie meist nicht einfach wieder arbeiten gehen, weil es die Jobs nicht gibt, zudem ihre eigene Qualifikation oftmals veraltet ist und dies letztlich auch nicht ihre Probleme lösen würde. Für sie ist sie zur Zicke geworden, weil sie schlecht behandelt wurde. Ja, sie ist frustriert, ja, sie findet sich selbst unausgeglichen, aber dem kann abgeholfen werden. Dazu müsste ihr Mann ihr erst mal zuhören, sie ernst nehmen und ihren Beitrag zur Familie wirklich schätzen. Aber mit dieser Sicht macht sie sich wieder einmal vom Mann abhängig, weil sie sich eine Veränderung von ihm wünscht. So stehen beide Partner wütend und hilflos voreinander, wünschen sich eine grundlegende Änderung der Situation durch den jeweils anderen. Wenn sie es dann nicht schaffen, die Krise anzusprechen, sich ihre Hilflosigkeit und Ratlosigkeit einzugestehen und den gemeinsamen Versuch zu unternehmen, aufeinander zuzugehen, dann kann der gesamte Prozess zu einem Machtkampf eskalieren.

Der nächste Schritt in dieser Eskalation ist häufig die Reduzierung der partnerschaftlichen Sexualität. Meist geht dies von der Frau aus, sie tritt in den Streik. Damit eskaliert der partnerschaftliche Konflikt und erreicht eine weitere Dimension, in der alles noch komplizierter und liebloser wird: die gemeinsame Sexualität.

5. Mozart oder Rap
Die Ritualisierung der Sexualität

Die Vorlieben der Geschlechter sind verschieden, insbesondere in der Sexualität. Hier stellt sich manchmal die Frage: „Eine kleine Nachtmusik oder rhythmischen Sprechgesang: Zur musikalischen Untermalung des Liebesaktes bevorzugen Frauen Mozart und Champagner, Männer dagegen Rapmusik." (Hamburger Abendblatt, 22.6.05) Wenn beide damit leben können, erst das eine zu hören und dann das andere – mal Mozart und mal Eminem – und ihre Sexualität so abwechslungsreich gestalten können wie diese beiden Musikrichtungen es sind, dann können die beiden Partner nicht nur damit zufrieden sein.

Aber wahrscheinlich wurden bei der Umfrage nur junge Paare befragt, die bei beinah jeder Musik miteinander schlafen können. Bei älteren Paaren treten ganz andere Fragen in den Vordergrund. Hierzu ein Ausschnitt aus einer paartherapeutischen Sitzung, bei der sich die Frau über die hygienische Nachlässigkeit ihres Mannes beklagt und dies auf den Alltag in langjährigen Beziehungen zurückführt.

Offen über Sexualität sprechen

„Mein Mann ist in unserer Beziehung immer nachlässiger geworden. Seitdem wir verheiratet sind, lässt er sich immer mehr gehen. Aber das Neueste ist, dass er sich nicht mehr richtig wäscht. Da ist bei mir Schluss, da ist eine Grenze, das mache ich nicht mehr mit." – „Was glauben Sie denn, warum sich Ihr Mann nicht mehr wäscht? Er hat sich doch früher besser gepflegt, oder?" – „Ja, als wir noch verliebt waren, hat er jeden Tag geduscht, sich frisch angezogen, war sehr gepflegt, das hat mir auch gefallen. Aber seitdem er sich sicher fühlt, wird er einfach faul." – „Sie glauben, das sei Faulheit, Nachlässigkeit, eben die Folge des Alltags in einer Liebesbeziehung? Vielleicht kann es aber auch sein, dass Ihr Mann keinen Körperkontakt, keinen Sex mehr mit Ihnen möchte?" – „Das glaube ich nicht, Männer wollen doch immer, besonders meiner. Der ist einfach nur faul und bequem geworden in unserer Beziehung, das ist eben der Alltag, der die Liebe kaputtmacht."

Ich liebe die Psychologie vor allem deshalb, weil sie dort weiterfragt, wo andere sich bereits mit Antworten zufrieden geben, ohne wirklich etwas verstanden oder erklärt zu haben. Diese Klientin, die mir in einem Einzelgespräch die Erklärung anbietet, ihr Mann sei eben faul und nachlässig in der alltäglichen Beziehung geworden und das sei nun mal das Los der Frauen oder das Schicksal der Partnerschaften, nutzte meine Interpretation dennoch zu einem Gespräch mit ihrem Mann. Sie fragte ihn geradeheraus, ob er eigentlich keine Lust mehr auf sie habe und ob das der Grund sei, warum er sich nicht mehr richtig wasche. Der Mann reagierte verlegen, gestand dann jedoch sexuelle Probleme in der Beziehung zu ihr ein und beide brachten das Thema mit in die nächste paartherapeutische Sitzung. Dort stellte sich heraus, dass dem Mann die Sexualität mit seiner Frau langweilig geworden war, seine Frau ihn nicht mehr besonders reizte und er sich mit einem geringeren Maß an Sexualität zufrieden gegeben hatte.

Für den Ehemann war die nächste Stunde nicht einfach, denn er stellte fest, dass über sexuelle Probleme in der Partnerschaft zu reden manchmal schwieriger sein kann, als sich einfach nicht zu waschen. Solange er sich nicht mehr gepflegt hatte, war für ihn das Problem irgendwie gelöst. Das Wichtigste aber war, dass ihm bis dahin gar nicht bewusst gewesen war, dass er keine Lust mehr verspürte, mit seiner Frau Sex zu haben. Erst durch ihr offenes Ansprechen hatte er es zugegeben. Schlimmer noch, als dies seiner Frau offen zu sagen, war es aber für ihn, es sich selbst einzugestehen und mit diesem Bewusstsein leben zu müssen. Vorher war ihm dies selber nicht bewusst gewesen und er hatte das in seiner nachlassenden Körperpflege einerseits unbewusst zum Ausdruck gebracht, andererseits war dies zugleich seine ganz persönliche Lösung für dieses Problem gewesen. Jetzt musste er sich offen und bewusst mit dem Thema seiner sexuellen Zufriedenheit in der Partnerschaft auseinander setzen und sich zugleich zusammen mit seiner Frau eine andere Lösung erarbeiten. Er pflegte sich fortan wieder besonders und ihre Sexualität wurde kompliziert. Lange Zeit konnten sie erst mal überhaupt nicht mehr miteinander schlafen, dann wollte er wieder, was sie ihm nicht glaubte, woraufhin er sich gekränkt zurückzog. Sie sah sich bestätigt, jetzt sei ja klar, dass er nicht mehr Sex mit ihr wolle und so gerieten beide in einen Strudel aus Unsicherheiten, sexuellen Wünschen, Kränkungen und beleidigten Rückzügen. Das Thema ihrer Sexualität stand in der Paartherapie ganz oben an und es stellte sich heraus, dass eine ritualisierte Sexualität für beide nicht mehr befriedigend war.

Sind sexuelle Leidenschaften und eheliche Beziehungen überhaupt vereinbar? Kann eine langjährige Ehe die Leidenschaftlichkeit bewahren oder ist es vielleicht sogar so, dass der Anspruch einer leidenschaftlichen Sexualität auch in längeren Beziehungen vollkommen unangebracht ist?

Die dunkle Seite der Sexualität

Sexualität ist nicht nur schön, angenehm und entspannend, sie hat auch etwas Bedrohliches, weil darin der scheinbar autonome Mensch der Moderne seine tiefste Abhängigkeit spürt: die Abhängigkeit von seinen biologischen Bedürfnissen und die Abhängigkeit von anderen Menschen bei der Befriedigung dieser menschlichen Bedürfnisse. Insofern muss diese dunkle Seite der Sexualität allein schon Angst auslösen, als Angst vor einem Autonomieverlust, aber hinzu kommen weitere Ängste: die Angst vor Zurückweisung, die Angst vor dem Versagen und auch die Angst vor dem Verlust des Partners. Vielleicht muss auch noch die Angst vor dem Verlust der Selbstkontrolle erwähnt werden. Am deutlichsten wird sie in der Sexualität beim Orgasmus. „Im Orgasmus entgleitet dem bewussten Ich für einige bedeutungsvolle Augenblicke die Kontrolle. Diese Empfindung ist ebenso fesselnd wie im Grunde ängstigend. Die Selbstvergessenheit lässt einen Verlust der Selbstkontrolle fürchten. Sie führt dazu, dass viele Menschen den Orgasmus durch hektische Anstrengungen haben wollen, bevor er sie hat." (Schmidbauer, Wolfgang, Die heimliche Liebe. Ausrutscher, Seitensprung, Doppelleben. Reinbek bei Hamburg, 2002,11)

Und wenn etwas so viele Ängste und tiefe Gefühle auslösen kann wie die leidenschaftliche Sexualität, dann liegt es nahe, dass wir keine einheitliche Meinung dazu haben. So sind die Kontroversen über die Bedeutung der Sexualität für den Menschen und seine Beziehungen ein Teil der Menschheitsgeschichte. Sexuelle Leidenschaft hatte unter ehrbaren Bürgern noch nie einen guten Ruf, weil sie mit angesehenen Partnerschaften nicht vereinbar sei. In seinen Essays „Über die Liebe" (Francis Bacon, Essays. Leipzig, Dieterich'sche Buchhandlung, o. J., 38, zit. nach Schmölders, 78) von 1597 äußert der britische Lordkanzler und Philosoph Sir Francis Bacon seine schlechte Meinung über die wollüstige Liebe: „Eheliche Liebe pflanzt das menschliche Geschlecht fort, freundschaftliche Liebe veredelt, aber wollüstige Liebe vergiftet und erniedrigt es." (Schmölders, 80) Wollüstige Liebe entstamme nicht nur den niederen Instinkten, sie vergifte die Zwischenmenschlichkeit, denn sie spalte angesehene Beziehungen und stürze sie ins Elend.

Ist also die leidenschaftliche, wollüstige Sexualität lediglich der Ausdruck der Triebhaftigkeit, eine lächerliche Entblößung des Menschen, ein Kniefall vor den niederen Instinkten, letztlich etwas, was uns in all unserer Bedürftigkeit geradezu tierisch sein lässt? Für Lou Andreas-Salomé, eine Psychoanalytikerin der ersten Stunden, die in ihrem Leben tiefe persönliche Beziehungen zu Nietzsche, Rilke und Freud hatte und die bereits als femme fatale bekannt war, bevor sie erst mit Mitte 30 ihre Jungfräulichkeit verlor (Im Dreieck,13) hatte die Erotik etwas Dunkles und Untergründiges, das die bedeutsamen Seiten eines Menschen bestenfalls streifte. Für sie war es möglich, „dass Jemand im tiefen, dunklen Untergrund unseres Wesens uns erotisch anzieht, ohne dass diese Anziehung weit genug reichte, hoch genug sich erstreckte, um auch noch viele andere Bereiche unserer Selbst in Schwingung zu versetzen. Sie bleibt eben ein starker Rausch, ein Rausch unseres Gesamtwesens, lediglich innerhalb bestimmter Punkte, während sie auf andern Punkten der Entmutigung, der Ernüchterung Platz macht." (Lou Andreas-Salomé, Die psychische Geburt. Schmölders 208)

Die sexuelle Leidenschaft transportiert nicht nur die Angst vor der Abhängigkeit und dem Triebhaften, sondern auch die Angst, wahrhaft den Verstand zu verlieren oder gar die eigene Menschlichkeit einzubüßen. Keiner hat die Sexualität und die „Geschlechtsliebe" (Schmölders 176) so harsch kritisiert und als unmenschliches Treiben angeprangert, wie der Philosoph Arthur Schopenhauer (1788–1860), der Zeit seines Lebens Junggeselle blieb. Seine Haltung zur Sexualität war eindeutig: Die Geschlechtsliebe vernebele den Verstand, vornehmlich den männlichen, und Sexualität sei biologische Triebhaftigkeit, niederer Instinkt und als solcher weiblich. Wenn der Mann Wissenschaft und Kultur voranbringen wolle, dann müsse er sich des Weiblichen und mithin des Sexuellen erwehren. Aber wenn der Mann schon Rücksicht nehmen müsse auf die Natur und die Weiblichkeit, dann bitte mit Verstand. Dann soll er sich mit Bedacht eine Frau wählen, die Schopenhauer haargenau beschreibt. „Die oberste, unsere Wahl und Neigung leitende Rücksicht ist das Alter. Im ganzen lassen wir es gelten von den Jahren der eintretenden bis zu denen der aufhörenden Menstruation, geben jedoch der Periode vom achtzehnten zum achtundzwanzigsten Jahre den Vorzug. Außerhalb jener Jahre kann kein Weib uns reizen ... Die zweite Rücksicht ist die der Gesundheit: Akute Krankheiten stören nur vorübergehend, chronische, oder gar Kachexien, schrecken ab, weil sie auf das Kind übergehen. Die dritte Rücksicht ist das Skelett, weil es die Grundlage des Typus der Gattung ist ..."(Arthur Schopenhauer, Physiognomik der Geschlechtsliebe. Schmölders 176) Auf den folgenden Seiten dieser Abhandlung schreibt Schopenhauer ausführlich über die notwendige Kleinheit der Füße, die Ansicht der Zähne, die Fülle des Fleisches, den vollen weiblichen Busen und als letztes über die Schönheit des Gesichts, die kleine Biegung der Nase, den kleinen Mund, das Kinn und die schönen Augen und die Stirn. Nachdem er die Beschreibung der Frau wie ein tierärztliches Gutachten abgehandelt hat, kommt er am Ende zu einer erstaunlichen Erkenntnis über die psychischen und intellektuellen Eigenschaften. „Endlich kommt die Rücksicht auf schöne Augen und Stirn: Sie hängt mit den psychischen Eigenschaften zusammen, zumal mit den intellektuellen, welche wir von der Mutter erben." Also scheint da doch Seelisches und auch Intellektuelles im Körper des Weibes zu schlummern? Wie sehr muss er seine eigene Abhängigkeit von den Frauen gehasst haben, um sich auf diese schreibende und philosophierende Weise scheinbare Autonomie und Unabhängigkeit zu schaffen.

Leidenschaft

Alle scheinen sich einig in der Fragwürdigkeit der Erotik und Sexualität, nur die Liebenden selbst sehen in ihrer körperlichen Leidenschaft kein Warnsignal, sondern ein Zeichen ihrer tiefen Verbundenheit, einen Ausdruck ihrer Liebe. In der Liebesbeziehung entsteht ein körperliches Verlangen nach dem geliebten Menschen, das nah am Schmerz sein kann und dieser Schmerz einer körperlich spürbaren Sehnsucht kann scheinbar nur gestillt werden durch körperliche Vereinigung mit diesem geliebten Menschen.

Hier entsteht die Frage: Kann es eine lustvolle Sexualität zwischen zwei Menschen geben, die keiner weiteren Legitimation durch die Liebe bedarf? Hier scheiden sich die Geister zwischen Männern und Frauen, Moralisten und Hedonisten, Liebenden und Leidenden. Sexualität ohne Liebe als legitimatorische Basis hat etwas Unmoralisches, dies bleibt der Prostitution überlassen, die eben als käufliche Liebe keine wirkliche Liebe ist.

Liebe und Sexualität

Ist die rauschhafte Sexualität, die sexuelle Leidenschaft, die mehr ist als bloße physiologische Erregung, nicht vielleicht doch ein eindeutiger Hinweis auf die Existenz der Liebe? Aus der Sicht der Verliebten hat die Sexualität mit dem begehrten Liebesobjekt stets etwas Reines und Neues und die daraus entstehenden Fragen an die Sexualität sind ebenso naiv wie rechtfertigend: Ist diese rauschhafte Sexualität nicht die höchste Steigerungsform der wahren Liebe? Ist solch eine Sexualität nicht nur die Erfüllung, sondern zugleich der Nachweis einer einzigartigen Liebe? Ist die gemeinsame Verschmelzung in der Sexualität nicht sogar ein Zeichen dafür, dass die Liebenden füreinander geschaffen sind? Ist das Erlebnis eines gemeinsamen Orgasmus nicht nur ein hormonell ausgelöster Glücksmoment, sondern auch ein Weg, diese Liebe tief und unverwundbar werden zu lassen? Ist die Sehnsucht nach körperlicher Vereinigung, der spürbare Schmerz des Verlangens nach dem Liebespartner der konkrete Beweis, dass es wirkliche und wahrhaftige Liebe ist, ja nur sein kann? Die Antworten auf all diese Fragen geben sich die Liebenden am liebsten selbst.

In der sexuellen Attraktion des Verliebt-Seins ist die Sexualität sowohl Ausdruck der Liebe als auch ihr permanenter Verstärker. Sie wird zu einer Sucht, der man nicht mehr entrinnen kann, nur in der Abhängigkeit, im rauschhaften sich Hingeben, im Verschmelzen mit dem Liebesobjekt, kann noch ein Sinn gesehen werden. Die ab- und aufgeklärten Menschen allerdings, die nicht dem Liebeswahn verfallen sind – und das sind nahezu alle Menschen, außer dem Liebespaar selbst – sehen die sexuelle Attraktion der Liebenden eher nüchtern, als zeitlich begrenzten Ausdruck ekstatischen Erlebens, der mit der Zeit wieder nachlassen wird. Beide Positionen sind letztlich Umgangsformen mit der Angst, mit der die Sexualität durchtränkt ist. Die Liebenden packen den Stier bei den Hörnern und ziehen einen Teil ihres Lustgewinnes sicherlich aus der Beherrschung der Angst, die anderen lassen sich davon gar nicht anstecken, bleiben in kühler Distanz, vermeiden den wirklichen Kontakt, die offene Konfrontation und versuchen auf diese Weise, ihre Angst erst gar nicht aufkommen zu lassen.

Die Überbewertung des Sexuellen

All das ist nicht neu. Das wirklich Neue an der modernen Sexualität ist lediglich ihre immense und übersteigerte Bedeutung, die sie für nahezu alle Lebensbelange des postmodernen Menschen bekommen hat. So fragt sich der Sexualwissenschaftler Gunter Schmidt: „Was ist das Besondere an der modernen Sexualität? Etwas, das eher altertümlich, traditionell, uralt anmutet und das doch, in historischen Dimensionen gedacht, brandneu ist: dass Liebe und Sexualität zusammengehören, d. h. Sexualität besonders intensiv und erfüllend ist, wenn sie in Liebe geschieht, und dass Liebe sexuellen Ausdruck braucht, um sich zu verwirklichen; dass Sexualität Intimität ist, d. h. sich nah sein, Geborgenheit, Vertrautheit; dass Sexualität eine wichtige oder gar die wichtigste Grundlage von Partnerschaft und Ehe ist; dass eine befriedigende Sexualität eine besonders wichtige Voraussetzung für Lebensglück ist.“ (Gunter Schmidt, Das große DER DIE DAS. Über das Sexuelle. März Verlag, Herbstein 1986, 19) Bei so viel Bedeutung fällt allein die Vorstellung schwer, dass Paare ihre Sexualität locker, leicht, vielleicht sogar spielerisch leben und genießen. Solch eine Bedeutung macht noch mehr Druck und Angst als ohnehin schon da ist.

Konflikte über die Häufigkeit und die Art und Weise sexueller Kontakte gehören zu den schwersten Problemen in Partnerschaften. „Sexuelle Unzufriedenheit in der Partnerschaft ist die häufigste Ursache für einen Seitensprung: Bei 76 Prozent der Männer und 84 Prozent der Frauen sind Defizite im Sexualleben Hauptgrund für diesen Schritt." (Bericht des IDW, Informationsdienst Wissenschaft, am 25.1.2005 in einer E-Mail). Sind die Partner unzufrieden, weil in ihrer Liebesbeziehung etwas nicht stimmt und sie es folglich in der Sexualität am ehesten und deutlichsten spüren, da es der intimste und sensibelste Bereich einer Liebesbeziehung ist? Oder haben sie sexuell keine Lust mehr aufeinander und miteinander, führt also die Sexualität ein Eigenleben, unabhängig von der sonstigen Liebesbeziehung? Beide Fragen sind mit einem eindeutigen Ja zu beantworten. Und wahrscheinlich gibt es noch eine dritte Variante, bei der sowohl Partnerschaftskonflikte sexuell ausgedrückt werden als auch zusätzlich sexuelle Konflikte bestehen, so dass sich beide Seiten zu einer sexuellen Katastrophe potenzieren.

Friedhof in den Schlafzimmern

Die Daten und Fakten zur Lage der Sexualität in deutschen Paarbeziehungen (vergl. Kirsten von Sydow, Willkommen im Club!, Psychologie heute, Juni 2005, 20–25) sprechen eine eindeutige Sprache: Während Martin Luther noch eine Häufigkeit von „Zwei Mal pro Woche" als gesund und erstrebenswert propagierte, erreichen einen solchen Wert heute nur noch verliebte Paare oder junge Paare, am ehesten verliebte junge Paare unter 30. Je länger die Menschen zusammen sind, desto geringer ist die Häufigkeit sexueller Kontakte. „In der Altersgruppe der 35- bis 44-jährigen etwa findet bei Paaren mit kurzer Beziehungsdauer (unter zwei Jahren) durchschnittlich neun- bis zehnmal im Monat Geschlechtsverkehr statt, bei Paaren mit einer Beziehungsdauer von zwei bis fünf Jahren sechsmal und bei Paaren, die sechs Jahre und länger zusammen sind, vier- bis fünfmal. Mit 50 Lebensjahren erreichen langjährige Partner eine Art Schallgrenze: bis zu diesem Alter nimmt die Häufigkeit koitaler Aktivität zwar kontinuierlich ab, aber die meisten Paare bleiben aktiv. Jenseits des 50. Lebensjahres jedoch ist die entscheidende Frage nicht mehr, wie oft, sondern ob das Paar überhaupt noch miteinander schläft." (21)

Man weiß, dass ältere Paare durchschnittlich im Alter von 65–70 Jahren die gemeinsame Sexualität einstellen, wobei die Initiative dazu meist vom Mann ausgeht, während die Frauen von einer durchaus noch vorhandenen sexuellen Lust berichten. Dies betrifft aber nicht erst die jungen Alten: „5 Prozent der 18- bis 40-jährigen Frauen mit Partner berichten, dass sie im vergangenen Jahr sexuell inaktiv waren, 10 Prozent der 41- bis 60-jährigen und 43 Prozent der 61- bis 92-jährigen." (20) Auch die jungen Paare klagen darüber, dass die Häufigkeit sexueller Kontakte für sie unbefriedigend sei. Während sich hier noch vorzugsweise die Männer beklagen, haben auch die Frauen nach wenigen Jahren nachgezogen: Nach sechs Jahren Beziehung sind beide Geschlechter sich einig, für 70 Prozent ist die Häufigkeit der sexuellen Kontakte zu niedrig und unbefriedigend.

Sexuelle Lustlosigkeit betrifft heute beide Geschlechter und erscheint von der Beziehungsdauer wesentlich beeinflusst. „Nach einem Jahr Beziehung sind davon ein Drittel der Männer und knapp 60 Prozent der Frauen betroffen, nach 6 Jahren etwa 40 Prozent der Männer und 80 Prozent der Frauen ... Frauen beschreiben sich häufig mit Anfang 30 als lustlos, Männer mit Mitte oder Ende 40." (20) Lustlosigkeit bei Männern ist eindeutig etwas Neues, während das Dauerthema „Erektionsprobleme" bleibt.

Erkenntnis stiftend ist auch ein Blick auf die Gründe für den Rückgang der sexuellen Kontakte jenseits von Alter und Beziehungsdauer. Neben körperlichen oder psychischen Erkrankungen, Persönlichkeitsfaktoren, biografischen und sexuellen Erfahrungen, Schwangerschaften oder Kleinkindern im Haushalt ist es auch die Höhe der Bildung. Je höher die Bildung der Frau, desto größer ist ihre sexuelle Unzufriedenheit und desto geringer ihr Bedürfnis nach sexuellen Kontakten.

Die sexuelle Leidenschaft scheint besonders von psychologischen Faktoren abhängig zu sein. „Wenig oder kein Geschlechtsverkehr findet sich hingegen bei Partnern, die beide ein geringes Selbstwertgefühl haben, die wenig gemeinsam unternehmen oder bei denen die Arbeit daheim aus weiblicher Sicht ungerecht verteilt ist.“ (22) Ein hohes Selbstwertgefühl der Frau in Verbindung mit offener Kommunikation macht dagegen beide Partner zufriedener mit ihrem Liebesleben. „Für die weibliche sexuelle Zufriedenheit war darüber hinaus auch noch die Fähigkeit des Mannes zu empathischer Kommunikation bedeutsam.“ (22) Die gemeinsame Sexualität wird vollends eingestellt, wenn beide Partner darin übereinstimmen, dass ihre emotionale Beziehung zerstört ist. Wenn also der Paarbeziehung die emotionale Basis verloren geht, wird auch die Sexualität eingestellt.

Sexuelle Beziehungsmuster

Welche Beziehungsmuster lassen sich bei einer reduzierten, lustlosen oder gar zeitweise eingestellten Sexualität in der Partnerschaft erkennen? Die vielleicht normalste Variante besteht darin, dass ältere Paare mit gesundheitlichen Problemen Angst vor sexuellen Kontakten entwickeln, weil die Sexualität gesundheitlich kompliziert sein kann.

Eine weitere nahe liegende Erklärung für eine reduzierte partnerschaftliche Sexualität besteht in emotionalen oder persönlichen Verletzungen. So kann es zur Verweigerung einer gemeinsamen sexuellen Aktivität kommen, wenn einer der beiden Partner zu stark enttäuscht oder verletzt wurde, so dass ein emotionaler Bruch entstanden ist, der eine intime und leidenschaftliche Sexualität nicht mehr möglich macht. Solche Paare bleiben zwar zusammen, sind aber beide sexuell frustriert. Meist wird eine sexuelle Außenbeziehung zum Anlass genommen, die Paarbeziehung aufzulösen.

Ein weiteres Beziehungsmuster betrifft den Leistungsaspekt. Wenn die Leistungsansprüche an eine leidenschaftliche Sexualität so groß werden, dass sie keine Alltäglichkeit, keine Mittelmäßigkeit oder Durchschnittlichkeit mehr zulassen, weil der eigene Selbstwert oder die Liebe mit einer stets besonderen Sexualität verknüpft werden, ist der Rückzug aus sexueller Überforderung zugleich ein Selbstschutzmechanismus.

Das wahrscheinlich schwierigste und zugleich häufigste Beziehungsmuster betrifft den Übergang von der Partnerschaft zur Elternschaft. Wenn Paare Eltern werden verlieren sie oft ihre gegenseitige sexuelle Attraktion, sie sind nur noch Mutter und Vater, nicht mehr Mann und Frau, arbeiten im Alltag als Familie gut zusammen, haben aber kaum noch Sex miteinander. Dies kann durchaus für eine gewisse Zeitspanne normal sein, aber immer weniger gelingt es Paaren, nach einer Phase gemeinsamer Elternschaft zur leidenschaftlichen Paarbeziehung zurückzukehren. Aus psychologischer Sicht erscheint mir der wesentliche Grund dafür zu sein, dass unerledigte und ungelöste Themen der Vergangenheit unbewusst wieder lebendig werden, die mit der eigenen Kindheit, dem Erleben von Mutter und Vater, oder den noch vorhandenen Aggressionen gegen die Eltern zusammenhängen. Längst vergessene Themen tauchen wieder auf, die projektiv in die Paarbeziehung eingebracht werden, d. h. die Partner merken nicht, dass sie noch Reste in Bezug auf Mütterlichkeit, Väterlichkeit oder Elterlichkeit haben, bis sie ihrem Partner das vorwerfen, was sie immer an ihren Eltern abgelehnt haben. Die Angst, so zu werden wie die eigene Mutter oder der eigene Vater, oder gar als Paar so wie die eigenen Eltern, konnte so lange abgewehrt werden, wie man als verliebtes Paar alle Zeit und Energie der Welt hatte, den Gegenbeweis anzutreten. Aber mit der Geburt des Kindes ist es vorbei mit den guten Vorsätzen, dann ist Stress angesagt und unter Stress machen sich die alten Muster breit, da funktionieren keine guten Vorsätze mehr.

Besondere Probleme ergeben sich auch dann in der gemeinsamen Sexualität eines Paares, wenn beide Partner ein sehr unterschiedliches sexuelles Anspruchsniveau haben, sowohl in qualitativer als auch in quantitativer Hinsicht. Wenn das Paar die Möglichkeiten zu offener Kommunikation, zum Aushandeln oder auch zum spielerischen Umgang mit solchen Problemen hat, können sie aus solcher Unterschiedlichkeit auch Vorteile ziehen, wie z. B. gegenseitige Animation oder auch abwechselnd nach den Wünschen des einen oder des anderen. Glückliche Paare können mit solchen Unterschieden umgehen, sind nicht so sehr gekränkt, üben keinen Druck auf den anderen aus oder nutzen solche Probleme nicht zu Racheakten auf anderen Gebieten der Partnerschaft.

Der kleinste gemeinsame Nenner

Das sexuelle Erleben kann auf mehrfache Weise ebenso berauschend wie Angst auslösend sein. Diese Angst versucht man wiederum, mit sexueller Bindung zu verscheuchen, was wiederum die Angst verstärken kann usw. Angst und sexuelle Erlebnis- und Genussfähigkeit sind auf diese Weise miteinander gekoppelt, neutralisieren sich einerseits und potenzieren sich andererseits. Moderne Paarbeziehungen mit ihrer chronischen Überlastung durch eine romantische Liebe, in der Sinnerfüllung, Sexualität und ewige Liebe in einem existieren sollen, leiden häufig auf eine typische Weise auch in ihrer Sexualität. Solche Paare versuchen sich selbst in der Sexualität einen angstfreien Raum einzurichten. Sie bilden im Prozess der Paarbildung und im Verlauf der gemeinsamen Jahre eine „mittlere Sexualität" heraus, in der ihre Vorlieben und Gewohnheiten auf einen gemeinsamen Nenner gebracht sind. Wenn wir davon ausgehen, dass jeder Mensch auch ein eigenes sexuelles Profil hat, das einmalig und individuell ist, dann besteht eine solche mittlere Sexualität in der gemeinsamen Überschneidung zweier individueller Sexualitäten, quasi als Schnittmenge. Eine solche mittlere Sexualität als Schnittmenge besteht aus allem was vertraut und gewohnt ist, was angstfrei und sicher erscheint. „Man hat so seine Sexualität, das ist alles nicht mehr aufregend, aber dafür sind wir ja auch schon so viele Jahre zusammen.“ Diese Aussage eines Klienten zeigt das Dilemma dieser eingelebten Sexualität: Es fehlt jegliche Aufregung, selbst die Erregung erscheint gewohnt, es gibt keine Angst, kein Prickeln und keine Hemmungslosigkeit mehr. Eine solche Sexualität ist sauber, geplant, rituell, domestiziert – und langweilig. Sie befriedigt immer nur einen sehr kleinen Teil der sexuellen Bedürfnisse und sie hinterlässt real und in der Phantasie eine mittlere Zufriedenheit, die ebenso befriedigend wie unbefriedigend bleibt.

Ein verbreitetes Beziehungsmuster zur Reduzierung der gemeinsamen Sexualität besteht in der stillschweigenden Einigung der Partner auf den kleinsten gemeinsamen Nenner. Beide Partner leben nur noch eine Sexualität und im weiteren Sinne Erotik, die konfliktfrei, risikolos und bequem ist. Die Folge davon ist, dass eine langweilig gewordene Sexualität freundlich umgangen wird. „Rücksicht und Gegenseitigkeit, also durchaus Tugenden der partnerschaftlichen Kommunikation, können im erotischen Kontext sedative Wirkungen haben. Die freundliche kooperative Regulierung der sexuellen Wünsche auf den kleinsten gemeinsamen erotischen Nenner ist der zentrale Mechanismus zur Erzeugung routinierter Alltagssexualität mit geringen Amplituden: Sie wird nicht richtig schlecht – und auch nicht richtig gut.“ (Clement in Wirsching, 241)

Mut zum Risiko

Es geht darum, die sexuelle Leidenschaft innerhalb einer Beziehung ebenso lebendig zu halten wie die Paarbeziehung selbst auch. Es gilt, der Aufregung, dem erotischen Potenzial, der Erregung und damit auch der Angst einen legitimen Platz einzuräumen. Die Lösung besteht darin, „vom Kompromiss der sexuellen Lustlosigkeit zur Neugier auf die unentdeckten erotischen eigenen Seiten und der des Partners zu kommen und zur Eröffnung eines gemeinsamen Möglichkeitsraumes. Dieser Weg ist eine kreative Kür, die ein Paar heiteren Sinnes durchtanzt. Nicht allein jedenfalls. Er ist mit Angst verbunden, mit Angst vor Verlassenwerden, Angst vor männlichen bzw. weiblichen Kleinheitsgefühlen, nicht begehrenswert, nicht potent zu sein, Angst, die immer angenommene Illusion der Besonderheit für den Partner zu verlieren." (Clement in Wirsching, 242) Diese sexuelle Selbsteröffnung ist ganz im Sinne einer Intimität schaffenden Handlung zu verstehen, denn Intimität und damit auch sexuelle Intimität ist nichts anderes als die Überwindung der Angst in Richtung einer Selbsteröffnung. Wer dieses Risiko nicht eingeht, läuft Gefahr, seine verborgenen sexuellen Wünsche so lange zu deckeln und mit Moral zu bekämpfen, bis der Kampf im Angesicht einer geliebten Person aufgegeben wird.

„Lebendige Sexualität und Intimität ist insofern nur dann möglich, wenn beide Partner emotional autonom und differenziert sind, den Mut haben, sich und ihre sexuellen und nichtsexuellen Eigenheiten und Wünsche zu zeigen, sowie in der Lage sind, eine „Abfuhr" durch ihren Partner oder ihre Partnerin zu verkraften." (25) Sexualität hat sehr viel mit der Liebe gemeinsam. Sie braucht die Konstanz, die Geborgenheit und die Sicherheit auf der einen Seite und die Unruhe, die Veränderung und die Herausforderung auf der anderen Seite. Wenn einer der Partner chronisch (nicht nur mal) keine Lust hat, dann ist dies nicht Ausdruck nur seiner oder ihrer Sexualität, sondern vielmehr der Partnerschaft. Chronische Lustlosigkeit ist ein Paarproblem, kein individuelles.

Risikobereitschaft hat aber auch etwas mit Selbstsicherheit zu tun, wer genügend davon hat, kann auch mal eine sexuelle Zurückweisung ertragen und muss sie nicht als Kränkung erleben und ertragen. Wenn Paare die Anforderungen an gute und leidenschaftliche Sexualität zu hoch ansetzen, produzieren sie Versagen, niedrige Frequenz und chronische Unzufriedenheit. Wenn sie auch möglichst lange eine leidenschaftliche Sexualität leben wollen, müssen sie dafür durch einige Feuerreifen springen. Erstens: Wiederholung ist langweilig, Veränderung ist dagegen riskant. Solche Veränderungen müssen aktiv herbeigeführt werden und kommen nicht von alleine. Zweitens: Ein erfülltes Liebesleben braucht Zeit, Kontakt, Kommunikation in der Paarbeziehung und kann nicht umgekehrt als Voraussetzung definiert werden; dies geht insbesondere als Rat an die Männer. Drittens: Sexuelle Sternstunden sind nicht täglich erreichbar. Leidenschaft braucht den Alltag, die Vielfalt spürt man erst durch die Einfalt, die Aufregung erst im Kontrast zur Langeweile. Wer immer nur das eine ohne das andere will, will Erregung, aber keine Leidenschaft.

6. Liebesaffären

Riskante Wege zur Veränderung

„Warum hat meine beste Freundin eine Liebesaffäre mit meinem Freund angefangen, obwohl wir uns seit Jahren kennen? Wie konnte sie mir das antun? Wir sind zusammen in den Urlaub gefahren, ich habe ihr alles erzählt von mir und meiner Beziehung und dann fängt sie eine Liebesaffäre mit meinem Freund an, mit dem ich sowieso gerade in der Krise war. Jetzt habe ich mit meinem Freund Schluss gemacht, mit meiner Freundin rede ich in diesem Leben kein Wort mehr, aber die beiden sind auch nicht zusammen, irgendwie verstehe ich das alles nicht, wie kann man nur so gemein und niederträchtig sein?"

Wie geht eine befriedigende Partnerschaft?

Die junge Frau ist vollkommen verwirrt und versteht die Welt nicht mehr. Die Beziehung zu ihrem Freund war nicht mehr prickelnd, sie hatten eine handfeste Dauerkrise, aber auf ihn ist sie nicht sauer, mehr schon auf ihre ehemals beste Freundin. Nach unserem Gespräch ist ihr klar geworden, dass die Liebesaffäre aus der Sicht ihres Freundes ein Versuch war, sie eifersüchtig zu machen, sodass sie möglichst aufhört, ihn zu kritisieren und stattdessen erkennt, dass er doch ein begehrter Mann ist. Dieser Versuch ihres Freundes sei natürlich total nach hinten losgegangen, aber von ihm hatte sie auch nicht mehr erwartet. Wirklich sauer sei sie immer noch auf ihre Freundin. Diese Freundin habe keine feste Beziehung, dafür aber laufend andere, die gehe mit jedem ins Bett, vorzugsweise mit Männern in festen Bindungen. Wenn sie es dann geschafft habe, interessiere sie sich nicht mehr für diese Männer und fange mit dem Nächsten etwas Neues an. Ich überlegte, wie ich ihr erklären könne, dass es einen ungelösten ödipalen Konflikt auch bei Frauen gebe, den so genannten Elektrakomplex. Solche Frauen interessieren sich vorzugsweise für Männer, die scheinbar untrennbar gebunden sind und genießen dann den Sieg – nicht über den Mann, sondern über die Frau des Mannes. Solche Menschen haben den frühen Reifungskonflikt nicht gelöst, den Freud nach dem griechischen König Ödipus benannte, und kehren deshalb immer wieder zu solchen Dreierkonstellationen zurück. Sie mischen sich in feste Beziehungen ein, freunden sich mit einem der beiden Partner an und verstehen es ausgezeichnet, verführerische Situationen herzustellen, die scheinbar unverfänglich sind. Es sind Sirenen, die mit ihren Gesängen die Männer locken, um sie anschließend zu Schweinen zu machen.

Eine reife Lösung dieses frühkindlichen Konflikts besteht in der Identifikation mit dem gleichgeschlechtlichen Elternteil, für das Mädchen also darin, sich mit der Mutter zu identifizieren. Diese frühe weibliche Identifikation ist diesen Sirenen nicht gelungen, deshalb befinden sie sich immer noch als erwachsene Frauen in der Konkurrenz zu den weiblichen Wesen, die im vermeintlich sicheren Besitze eines Mannes sind und versuchen, ihnen die Männer auszuspannen. So fordern sie die Frauen der Männer heraus, wollen ihre Begrenzungen erleben, vor allem aber wollen sie von ihnen wissen, wie es geht, mit Männern eine befriedigende Partnerschaft aufzubauen, denn das wissen sie nicht.

Mit diesen Reinszenierungen ihrer ungelösten Konflikte kommen sie als Geliebte natürlich wie gerufen, wenn es in Paarbeziehungen heftige Krisen gibt. Sie machen sich die Krise zunutze, weil sie dann ihr persönliches Spiel treiben können, erobern den Mann, erniedrigen damit seine Partnerin und haben wieder gesiegt. Jeder neue Sieg dieser Art ist eine weitere Niederlage, weil sie sich damit nicht weiterentwickeln und die eroberten Männer eigentlich kein wirkliches Interesse an ihnen haben, sondern mit der Liebesaffäre eigentlich auch nur ihre eigene Beziehung auffrischen wollten. So haben sich Geliebter und Geliebte in der Liebesaffäre eigentlich nur gegenseitig benutzt, es bleiben ein schales Gefühl und jede Menge Frustrationen und Aggressionen übrig.

Was ist eine Liebesaffäre?

Warum sind Liebesaffären so unendlich komplizierter und auf negative Weise folgenreicher als normale Liebesbeziehungen. Die Liebe ist als Gefühl zeitlos, sie ist Sehnsucht, Verlangen und Verschmelzung, ist das größte Glück auf Erden und ein Leben ohne sie erscheint beinah sinnlos! Eine solche Liebe ist menschlich, universell, gut und wohl denen, die an ihr teilhaben können, keiner möchte es ihnen missgönnen! Wie ist es nun aber um eine Affäre im Gegensatz zu einer erwünschten und ersehnten Liebe bestellt? Eine Affäre rückt die Liebe in ein anderes Licht, sie macht die Liebe fragwürdig. Ist eine Affäre eine Liebe, die sich zwischen den falschen Menschen zum falschen Zeitpunkt und am falschen Ort ereignet? Ist eine Liebesaffäre gar eine falsche Liebe – und wenn ja, was ist dann eine richtige Liebe? Wer beurteilt, was richtig und was falsch ist? Schlimmer noch: Was für die Liebenden selbst immer richtig ist und als Gefühl nie falsch sein könnte, wird manchmal für ihre Partner, Nächsten, Liebsten und Familien zur verwerflichsten Sache schlechthin. Aber auch die Liebenden selbst sind geplagt von widersprechenden Gefühlen: Sie sind manchmal unglücklich über ihre Liebe, leiden unter ihr, verstecken sie, fühlen sich schuldig, möchten mal nur noch in dieser Liebe leben und wünschen sich Sekunden später, sie wären diesem wunderbaren anderen nie begegnet. Wer will derartige Gefühlsverwirrungen verstehen, in denen Liebe und Wahnsinn, Verzückung und Schmerz, Leere im Kopf und Schmetterlinge im Bauch so eng beieinander liegen? So ist die Perspektive der Liebenden.

Die anderen sind die Betrogenen, Verlassenen, Verratenen, Gehörnten und Verletzten; wer will erst ihre Gefühle verstehen, angesichts des Liebesverrats, der ihnen schier den Boden unter den Füßen wegzuziehen droht und ihnen scheinbar alles nimmt, worauf sie sich bislang eingelebt und verlassen hatten? Wie werden sie erst fertig mit den Kränkungen, dem Verlust ihres Lebensentwurfs und ihrem Schmerz? Trennung und Rache sind die beinahe natürlichen, weil verständlichen Gedanken. An Wiedergutmachung ist kaum zu denken.

In solchen verwirrten Gefühls- und Geisteszuständen kommen Paare auch in die Therapie, mit traurigen und verletzten Gefühlen der eine, mit verliebten und schuldigen Gefühlen der andere Partner. Beide verstehen auf unterschiedliche Weise die Welt nicht mehr und sie haben eine dritte, unsichtbare Person in die Therapie mitgebracht, jenes Objekt der Begierde und des Hasses, das sie seit einiger Zeit in einer so genannten Dreiecksbeziehung glücklich und unglücklich sein lässt. Die bisherigen Glaubensgrundsätze erscheinen fragwürdig, nichts scheint mehr so zu sein wie vorher, die Welt steht Kopf, nichts stimmt mehr. Es gibt nur noch Fragen: Was ist Liebe, was ist eine gute Ehe, was ist Moral und Intimität, was gelten Versprechen und was ist Verrat, was sind die Motive des Liebesverrats des Partners, was hat die Affäre mit der eigenen Beziehung der letzten Jahre zu tun, geht es um Veränderung der eigenen Beziehung, lohnt es sich also zu kämpfen, oder ist dies der Anfang vom Ende, stehen dahinter Trennungsabsichten, können und sollen sie sich arrangieren, was sind die Gründe für die Liebesaffäre, kann man überhaupt noch glauben, was der andere sagt, wie lange wollen oder können sie diesen Zustand noch ertragen, wie lange müssen sie ihn noch aushalten der Kinder wegen, was ist die Wahrheit bei diesen turbulenten Gefühlen, welche Sanktionen müssen angedroht und eingeleitet werden, braucht man die sofortige Rache und kann dabei überhaupt eine Beratung oder Therapie helfen, ist das nicht alles eigentlich eine Privatsache, ein schlechter Traum oder einfach eine Krise, durch die man hindurch muss?

Lösungen sind gefragt, vor allem schnelle, denn nicht der Tod der Beziehung ist so sehr das Problem als vielmehr ihr langsames Sterben. So fragt sich das Paar, das sich selbst einmal so grenzen- und zeitlos verliebt fühlte: War die Ehe nicht von Anfang an ein Irrtum oder zumindest zum Scheitern verurteilt, warum waren wir so lange blind, sind die Gefühle nicht schon lange tot in unserer Ehe, ist Ehe nicht selbst der Friedhof jeder Liebe?

Liebeaffären haben Hochkonjunktur

Liebesaffären haben heute Hochkonjunktur und dafür gibt es mehrere gute Gründe. Zum einen besteht im neuen Verlieben die Möglichkeit oder gar Wahrscheinlichkeit, sich mal wieder begehrt und leidenschaftlich zu fühlen. Eine Liebesaffäre schafft wieder Aufregung und bietet eine neue Entdeckung der eingeschlafenen Leidenschaften. Eine solche Liebesaffäre kann durchaus vitalisierende Auswirkungen auf die Paarbeziehung haben und führt damit nicht automatisch zum ihrem Ende.

Die zweite Variante der Liebesaffären ist eher schon eine Ausstiegsvariante. Wenn eine neue Liebe schon da ist, erübrigt man sich eine schmerzliche und hässliche Zeit der Abrechnung in der alten Beziehung. So werden dem fremdgehenden Partner die eigenen verschütteten Bedürfnisse erst bewusst im Angesicht der neuen Geliebten oder des neuen Geliebten, dieser Mensch erscheint wie die Begründung der Probleme der letzten Zeit und zugleich als deren Lösung. Partnern, die mit einer Liebesaffäre aus einer Partnerschaft aussteigen, geht es meist subjektiv besser, sie fühlen sich wieder dem Himmel sehr nah und haben Schmetterlinge im Bauch, aber sie werden geplagt von Schuldgefühlen, weil sie ihre bestehenden Beziehungen oder gar Familien zerstört haben. Liebesaffären sind aber auch ein Heilmittel für die Probleme der Schuldgefühle und damit sind wir bei ihrem dritten Motiv.

Wenn es sich um die wahre Liebe handelt, vielleicht sogar die große oder einzige Liebe des Lebens, der man leider bislang noch nicht begegnet ist, dann sind Liebesaffären wahrlich vom Schicksal gesandt, denn die Verliebten sind von Amors Pfeilen getroffen und tragen somit selbst keinerlei Schuld. Wer liebt, hat Recht! Eine Liebe kann nie falsch sein und auch wenn man als Verlassender aus der Sicht der Verlassenen Schuld auf sich lädt, spricht einen die Liebe doch gleich wieder frei. Insofern sind die Verliebten nur Opfer der Liebe und nicht aktive Zerstörer von Beziehungen. Dies bedeutet, dass die frisch Verliebten alles dafür tun müssen und wollen, dass ihre neue Liebe als große Liebe des Lebens vom Rest der Welt anerkannt wird, weil sie damit von ihren Schuldgefühlen freigesprochen werden. Und da man für diesen Beweis nicht viel Zeit hat, versucht man dies durch besondere Intensität zu beweisen. So argumentieren die Verliebten gern mit dem Schicksal oder dem Zufall und geben sich in ihrem Denken und Handeln unglaublich romantisch, denn solcherart Realitätsferne und konsequente Weigerung, sich mit der Wirklichkeit auseinander zu setzen, gilt geradezu als ein Kennzeichen starker Verliebtheit.

Der vierte Grund dafür, eine Affäre zu beginnen, besteht darin, dass dies eine ausgezeichnete Möglichkeit darstellt, einen Partner zu verlassen, bevor man selber verlassen wird. Heute haben viele Menschen schon als Kinder und Jugendliche die Erfahrung gemacht, von Vater oder Mutter bei der Trennung der Eltern verlassen zu werden. Viele beschließen daher, lieber selber zu gehen, bevor sie noch einmal im Leben verlassen werden. Mit der neuen Liebe haben die Betroffenen eine plausible Begründung, ihre Partner und Familien zu verlassen. Sie tun es dann nicht aus Bösartigkeit, schlechtem Charakter oder gar Beziehungsunfähigkeit, sondern weil sie der Liebe ihres Lebens begegnet sind.

Liebesaffären als Symptom und Lösung

So argumentieren die Verliebten gern mit der Liebe, ihrem schicksalhaften Kommen und Gehen und der Unmöglichkeit, ihr zu entsagen oder zu entrinnen. Das Wort Liebesaffäre mögen sie gar nicht, denn es stellt auf unangenehme Weise einen Zusammenhang zur noch bestehenden Paarbeziehung her. Dabei wäre es äußerst ratsam und lehrreich zugleich, wenn sich das betroffene Paar, von dem sie oder er eine Liebesaffäre hat, sich einmal ernsthaft Gedanken darüber machte, wie es zu der Liebesaffäre eines Partners kam. Denn Liebesaffären sind sowohl Ausdruck einer in die Krise geratenen Paarbeziehung als auch der riskante Versuch der Lösung dieser Krise.

Wenn man verstehen will, warum eine Liebesaffäre gerade zu einem bestimmten Zeitpunkt entstand, dann sollten sich die Betroffenen einmal die letzten drei Monate ihrer Paarbeziehung vor Beginn der Liebesaffäre genauer ansehen. Ratsam wäre es, wenn sie sich folgende Fragen stellen und möglichst auch beantworten: Was haben wir vermisst, welche Konflikte gab es in unserer Beziehung, über welche Probleme haben wir miteinander gesprochen und über welche nicht? Welche Veränderungen innerhalb der Paarbeziehung hätten dazu führen können, dass es nicht zu der Liebesaffäre gekommen wäre, welche Veränderungen hätten den fremdgehenden Partner sozusagen dagegen immunisieren können? Mit der Beantwortung dieser Fragen kommen wir zu den bedeutsamen Hintergründen, die eine Liebesaffäre erst möglich und vielleicht auch notwendig machten. Denn die Verweigerung einer Veränderung in der Paarbeziehung ist der eigentliche Ehebruch! Letztlich ist also nicht unbedingt derjenige der Ehebrecher, der die Liebesaffäre begeht, sondern derjenige, der in der Paarbeziehung alles beim Alten und Vertrauten belassen möchte. Wer Liebe erhalten will, muss sich ändern, aber Veränderungen schaffen Unruhe, lösen manchmal sogar Ängste aus, bedeuten Unsicherheit. Und wenn die Sicherheit der privaten Beziehungen die einzige bleibt, die es in globalisierten Zeiten noch zu verteidigen gilt, dann sind manche Menschen eher zu einer Liebesaffäre bereit als zu einer ernsthaften Veränderung ihrer Paarbeziehung.

Auslöser für Liebesaffären sind bei Frauen oftmals „emotionale Unterernährung" in der Partnerschaft und bei Männern „sexuelle Unterernährung". Frauen möchten jenseits ihrer Existenz als Hausfrau und Mutter wieder als – möglichst attraktive – Frau wahrgenommen werden. Dies bedeutet für Frauen meist Zugewandtheit, Wertschätzung, persönliche Gespräche, Beziehungsnähe. Männer wollen das Gleiche, nur auf eine andere Weise: erst eine leidenschaftliche Sexualität und dann gemeinsame Gespräche.

Hinter solchen vordergründigen Motiven, die den Partnern bewusst sind, gibt es unbewusste und tiefer liegende Gründe. Im Normalfall sind dies Entwicklungsblockaden. Menschen wollen sich persönlich entwickeln und selbstverwirklichen und dies geht nur in intimen Beziehungen. Wenn die intime Beziehung diesen Prozess erschwert oder gar blockiert, stehen Menschen vor der Wahl, in der Beziehung zu bleiben und auf eine weitere Entwicklung zu verzichten oder die Partnerschaft so zu ändern, dass auch sie sich ändern können. Wenn der Partner oder die Dynamik der Paarbeziehung eine solche Änderung aber nicht zulassen, weil zu große Ängste damit verbunden sind, dann gehen Menschen manchmal einen riskanten Umweg über eine Liebesaffäre, um sich außerhalb das zu holen, was sie innerhalb der Beziehung nicht bekommen. Manchmal ist dabei vielleicht ihre unbewusste Hoffnung, dass sie sich das holen, was sie bislang vermisst haben, den Entwicklungsschritt in einer anderen Beziehung machen können, den sie in ihrer nicht machen können – oder machen zu können glauben – und dann solcherart gestärkt und weiterentwickelt zu ihren Beziehungen zurückkehren.

Persönliche Entwicklung und Selbstverwirklichung haben allerdings auch etwas mit den Ansprüchen zu tun, die Menschen heute an ihr Leben und ihre Partnerschaften haben. Männer und Frauen gehen dabei mit sehr unterschiedlichen Vorstellungen und Erwartungen in eine Paarbeziehung. Dies war wahrscheinlich schon immer so, aber das moderne Problem besteht darin, dass die Ansprüche und Erwartungen entschieden höher geworden sind und diese Veränderungen nicht kommuniziert werden. So erwarten Frauen beispielsweise ein höheres Engagement der Männer für Haushalt und Kinder, wenn sie Vater geworden sind. De facto steigt aber das Engagement der Väter nur um durchschnittlich sechs Minuten mehr an Hausarbeit pro Tag, wenn sie Vater geworden sind. Daraus kann man den Schluss ziehen, dass sei typisch Mann, der ewige Patriarch, neue Männer brauche das Land. Für die Männer ist aber das verstärkte Engagement im Beruf der Weg, für ihre Familie zu sorgen. Dies wird wiederum von den meisten Frauen als Flucht interpretiert.

So erleben Männer und Frauen unterschiedliche Szenarien, die sie aber nicht kommunizieren. Erst in Therapien geschieht dies und dann sagen mir die Frauen: Ich komme so gerne zu Ihnen, weil ich hier erfahre, wie es meinem Mann geht und wie er denkt. Nach allen Untersuchungen und Erkenntnissen der Psychologie haben sich nicht so sehr die Ansprüche der Männer an Familie, Ehe und Partnerschaft geändert als vielmehr die der Frauen. So haben Frauen mit einem traditionellen Frauenbild eine entschieden größere Zufriedenheit in ihren Familien, weil es sie befriedigt, eine gute Mutter, sorgende Hausfrau und liebende Ehefrau zu sein. Diejenigen Frauen hingegen, die mehr die Vorstellung von einer partnerschaftlichen Beziehung haben, in der sich die Männer auch im Haushalt und bei der Kindererziehung spürbar engagieren, sind aufgrund der Realitäten in deutschen Familien meist mehr oder weniger frustriert. Ihre Unzufriedenheit mit Ehe und Partnerschaft äußert sich in gestiegenen

Erwartungen und bringt sie damit auch näher heran an Liebesaffären.

Lösungen

Was können Lösungen sein, wenn es zu einer Liebesaffäre gekommen ist, einer der beiden Partner auf Wolke 7 schwebt und der andere vor Gram und Wut am liebsten platzen möchte?

Die erste Möglichkeit besteht in einer Steigerung der Liebe, also in dem Versuch, den Kampf gegen die Geliebte oder den Geliebten aufzunehmen, sich wieder liebenswert zu machen, die Beziehung wieder zu kultivieren, um den Partner oder die Partnerin zu kämpfen. Ein solcher Lösungsansatz ist nicht nur beinahe selbstlos und strategisch klug, sondern häufig auch erfolgreich. Dabei kann man sich die intime Kenntnis des Partners zunutze machen. Man weiß, was er oder sie mag, nicht mag, liebt, schätzt, braucht, was sein oder ihr Lieblingsessen ist, wie er oder sie gern den Urlaub verbringt, welche Musik, Literatur, Kunst oder Freizeitveranstaltungen bevorzugt werden. Eine solche Strategie ist besonders dann erfolgreich, wenn damit Zeit gewonnen wird, denn je länger die Geliebte oder der Geliebte im Warteraum der Liebe gehalten wird, desto mehr schwindet der Glorienschein der großen Liebe, desto mehr kehrt auch der Alltag in die neue Verliebtheit ein.

Eine zweite Lösung für die Probleme der Liebesaffären besteht in einer Versöhnung. Dazu müssen beide Partner bereit sein, muss ihre Beziehungsbasis solide genug sein, müssen sie gemeinsame Werte, Erfahrungen und möglichst auch Kinder haben, die sich als Stabilisatoren der Liebe in schwierigen Zeiten erweisen können. Eine Versöhnung braucht aber neben einer stabilen Beziehungsbasis weitere Voraussetzungen, die nicht immer gegeben sind. Die erste und einfachste besteht darin, dass der fremdgehende Partner seine Liebesaffäre beendet, die Verantwortung für sein Fehlverhalten übernimmt und sich ernsthaft entschuldigt. Aber eine Versöhnung im Sinne eines Verzeihens funktioniert nur, wenn zugleich die Hintergründe der Liebesaffäre in Bezug auf die Defizite der eigenen Paarbeziehung besprochen und geändert werden. Geschieht dies nicht, dann belastet ein Verzeihen nur das Beziehungskonto zu Ungunsten des Fremdgehers.

Eine dritte Option, die heute meistens viel zu schnell verwirklicht wird, besteht darin, sich zu trennen und mit einer anderen Beziehung einen Neuanfang zu wagen. Dann sind die Kränkungen und Verletzungen durch die Liebesaffäre so stark, dass ein weiteres Zusammenleben nur noch als weitere Kränkung erscheint. Von dieser Möglichkeit machen insbesondere Männer von einem bestimmten Punkt der Konflikteskalation an schnell Gebrauch, sie sind innerhalb eines Jahres nach der Trennung meist wieder mit einer neuen Frau zusammen. Frauen lassen sich dagegen mehr Zeit nach einer Trennung, müssen die Zeit der Paarbeziehung emotional verarbeiten, wollen und können sich nicht wieder so schnell binden. Trennung und Neuanfang ist immer eine Option, man sollte jedoch versuchen, sich über die Hintergründe des Scheiterns der Paarbeziehung so weit klar zu werden, dass man die Probleme der alten Beziehung nicht in die neue mitnimmt. Wenn man neue Beziehungen beginnt und die alten Probleme quasi als Startkapital in die neue Liebesbeziehung einbringt, dann ist auch ihr Scheitern wieder nur eine Frage der Zeit.

Meine Lieblingslösung für die von Liebesaffären betroffenen Paare heißt Veränderung innerhalb der Paarbeziehung. Damit wird die Liebesaffäre quasi als Symptom für Partnerschaftsprobleme verstanden. Damit plädiere ich nicht für die ewige Liebe, aber im Idealfall sollte die Trennung erst dann erfolgen, wenn der Versuch der Veränderung der Paarbeziehung definitiv gescheitert ist. Dieser Weg durch Veränderung setzt voraus, dass man zunächst der bereits formulierten Empfehlung folgt, die Krise der Liebeaffäre für eine radikale Beziehungsbilanz zu nutzen. Eine Paarbeziehung ändert sich permanent. Beide Partner einzeln, beide miteinander, aber auch die Anforderungen von außen erfordern hohe Anpassungsleistungen der Partner, beispielsweise durch die Arbeit oder die Schule der Kinder. Der Versuch, die Liebe zu konservieren und in der Partnerschaft möglichst alles beim Alten zu lassen, verhindert notwendige Veränderungsprozesse und bringt die Liebe und die Paarbeziehung in Not.

Veränderungen sind im positiven Sinne Reifungsprozesse. Die Grundlage von Reifung ist aus der Sicht der Psychologie die Lösung von Konflikten. Reifung geht nicht nur nicht ohne Konflikte, sondern im Gegenteil nur durch sie. Wer Konflikte löst, hat größere Handlungsspielräume in der Gegenwart und zugleich Kompetenzen für zukünftige Herausforderungen. Damit sind Liebesaffären verstehbar als Ausdruck von Entwicklungsblockaden in langjährigen Beziehungen und zugleich als ein Versuch ihrer Lösung. Wenn es gelingt zu verstehen, welche Entwicklungen in der Paarbeziehung blockiert waren, individuelle oder partnerschaftliche, kann die durch eine Liebesaffäre hervorgerufene Krise positive Effekte für den weiteren Verlauf der Paarbeziehung haben. Paare, die mit den Liebesaffären verbundene – dahinterliegende oder durch sie ausgelöste – Krisen meistern, haben damit eine zukünftig stabilere Paarbeziehung als diejenigen Paare, die scheinbar krisenfrei und harmonisch zusammenbleiben.

Die Liebe, der Alltag und ich

7. Arbeiten und lieben

Wie Männer verhindern können, dass ihre Frauen sich trennen

Wenn man nach fünf Ehejahren die Eheleute nach ihrer Zufriedenheit befragt, dann antwortet die Mehrzahl der Männer, dass sie ihre Frauen wieder heiraten würden; von den Frauen würden die Hälfte der Befragten ihre Männer nicht wieder heiraten! Was haben die Männer falsch gemacht?

Sigmund Freud kann hier durchaus als guter Ratgeber gelten. Als er einmal gefragt wurde, was nach all den entdeckten Neurosen eigentlich eine gesunde Persönlichkeit auszeichne und was diese können müsse, äußerte er sich bemerkenswert knapp: „Arbeiten und lieben!" Heute stellt sich für viele Männer die Frage: Wie werde ich dem steigenden Arbeitsdruck gerecht und sorge zugleich für den Erhalt meiner Liebes- und Familienbeziehungen? Wie verhindere ich eine Trennung oder Scheidung? Zu diesen Fragen im Folgenden einige Thesen und Ratschläge für Männer zwischen Karriere und Familie. Diese Ratschläge können auch als Anti-Trennungs-Training, besser noch als „Job-Family-Management" bezeichnet werden – dann verstehen die Männer vielleicht besser, was ich meine.

Männer finden sich heute Druck von vielen Seiten ausgesetzt. Zum einen haben wir es in der globalisierten Wirtschaft mit Massenarbeitslosigkeit zu tun. Zum anderen dringen immer mehr Frauen ins Berufsleben und machen den Männern Konkurrenz. Und drittens haben heute viele Männer auch den Anspruch an sich selbst, engagierte Väter (involved fathers) sein zu wollen. Druck und Konkurrenz im Job, Ansprüche an sich selbst als Vater und eine zunehmende Unzufriedenheit der Frauen mit ihren Partnerschaften und

Ehen – diesen Stress erleben viele Männer nicht nur als unerträglich, sondern auch als ungerecht.

Abwarten, bis sie sich wieder beruhigt hat

Die Strategien der Männer zur Bewältigung dieser modernen Herausforderungen in Job und Familie sind geprägt von Konfliktunfähigkeit und Hilflosigkeit. Die häufigste Strategie ist das Abwarten, bis „der Sturm sich gelegt hat". Die vorrangige Hoffnung der Männer bei dieser Strategie ist es, dass ihre Frauen sich irgendwann wieder beruhigen, wieder vernünftig werden und ihre Unzufriedenheit wieder vorbei geht. Die zweite Strategie ist die Flucht in die Arbeit. Wenn es zu Hause zu stressig wird, die Liebe erkaltet, die Kinder von der Frau aufgehetzt werden, dann erscheint der Arbeitsplatz als besseres Zuhause, denn hier werden die männlichen Qualitäten noch geschätzt, kann das lädierte Selbstbewusstsein aufgetankt werden. Die dritte Strategie – obwohl meist nicht bewusst eingesetzte, aber das gilt auch für die ersten beiden – ist der Beginn einer Liebesaffäre, häufig mit einer Kollegin. Solche Männer sehen sich nicht als Akteure neuer Liebesbeziehungen, sondern eher als deren Opfer. Wenn die Frau dem Mann zu Hause zusätzlich zu seinem ganzen Stress auch noch die emotionale Nahrung und die Sexualität verweigert, dann fühlt sich der Mann gezwungen, sich nach zeitweiligem Ersatz umzusehen. Liebesaffären werden aus der Sicht der betroffenen Männer nicht gewollt und nicht angestrebt, aber sie sind dazu bereit und die Gelegenheit dazu liefert häufig das Schicksal.

Diese drei zentralen männlichen Bewältigungsstrategien werden von den Frauen unterschiedlich negativ interpretiert und erlebt. Während das Abwarten in Zeiten der Verliebtheit als besonders cool oder „männlich" interpretiert werden kann, fordert die Flucht in die Arbeit den Zorn und massive Gegenreaktionen der Frauen heraus. Wenn Kinder in dieser Zeit auffällig werden und Frauen das Thema Trennung ansprechen – was häufig nur das Ziel hat, den Mann wieder näher an sich und die Kinder zu binden – empfinden Männer das als zusätzlichen Druck und antworten mit einer Verschärfung der o.a. Bewältigungsstrategien. Hier entsteht eine Eskalationsschleife ehelicher Konflikte, an deren Ende nur noch die Trennung als Ausweg, ja als Erlösung erscheint.

Business-Strategien

Unter Druck gesetzt und zur Rede gestellt antworten die Männer meist mit männlich-rationalen „Business-Strategien", die für das Verstehen und Lösen privater Probleme weitgehend untauglich sind. Analysen und Lösungsdiskussionen, unterlegt mit Rationalität, Vernunft, finanziellen Kosten-Nutzen-Analysen und einigen dezenten Hinweisen auf das häusliche Miss-Management der Frauen haben meist nicht die gewünschten Effekte. Anstatt wie erhofft die Frauen wieder auf den Boden der Tatsachen zu bringen, fördern sie deren Unzufriedenheit und verfestigen ihr Gefühl, das Missverständnis einer ehelichen Gemeinschaft mit diesem Mann bald beenden zu wollen. Wenn Frauen an diesem Punkt angekommen sind und ihre Männer glauben, die nun eingekehrte Ruhe sei ein gutes Zeichen, dann ist die Trennung und Scheidung nur noch eine Frage der Zeit.

Manchmal, wenn die Partnerschaft der Eheleute eine gute emotionale Basis hat, kann auch an diesem Punkt der Eskalationen noch eine Umkehr eingeleitet werden, oft ist es aber zu spät. Was können Männer tun?

Quality Time

Zeigen Sie Präsenz als Mann und Vater. Dabei geht es nicht vorrangig um quantitative, zeitliche Präsenz, sondern eher um qualitative, menschliche. Ihre Familienmitglieder müssen das Gefühl haben, dass da ein Mann und Vater ist, der sich sorgt und der die Wünsche und Sorgen seiner Lieben in sein Denken und Handeln mit einbezieht. Wenn Ihre Familienmitglieder dies so empfinden, dann können Sie auch mal weniger anwesend oder mal gestresst sein. Wichtiger als Ihre Intentionen ist das, was ankommt: Nicht was Sie wollen, sondern wie Ihre Familienmitglieder es empfinden, ist bedeutsam. Wenn Frauen Unzufriedenheit mit Ehe und Partnerschaft äußern, verbirgt sich dahinter oft eher der Wunsch, ihre Männer wieder in die partnerschaftlichen und familiären Beziehungen zu integrieren, als sich von ihnen zu trennen. Erst wenn die Veränderungswünsche als Trennungsabsichten verstanden werden, verstärkt sich der Prozess: Am Anfang steht der Wunsch der Frauen, den Mann aus dem Job wieder mehr in die Ehe und Familie zu bekommen.

Qualitätsmanagement

Um zu wissen, was Ihre Lieben empfinden, welche Alltagssorgen oder Zukunftswünsche sie haben, müssen Sie mit ihnen in Kommunikation bleiben, insbesondere über persönliche Fragen, Überlegungen, Pläne, Wünsche etc. Besonders wichtig ist dabei der Kontakt zu Ihrer Frau. Ihre Kinder würden sich wahrscheinlich nie von Ihnen trennen und die Scheidung einreichen, Ihre Frau schon eher. Reden Sie daher in erster Linie mit Ihrer Frau, tauschen Sie sich mit ihr über persönliche und emotionale Themen aus, auch wenn Ihnen das schwer fällt. Viele Männer halten die Kontakte zu ihren Kindern für wichtiger als die zu ihrer Frau. Dabei entsteht bei Frauen das Gefühl, weniger geliebt zu werden und nur noch als Mutter interessant zu sein. Ihre Frau kann den Kindern Ihre Arbeit erklären, die Kinder können Sie nicht bei Ihrer Frau entschuldigen.

Corporate Identity

Worin unterscheiden sich glückliche von unglücklichen Paaren? Man hat in großen empirischen Untersuchungen versucht, die Unterschiede herauszufinden und dafür lang verheiratete und geschiedene Paare befragt. Das Ergebnis: Glückliche Paare reden mehr miteinander als unglückliche und sie gebrauchen in dieser partnerschaftlichen Kommunikation mehr typische, manchmal nur ihnen verständliche Begriffe und Redewendungen, die eine Bedeutung für sie haben (Symbolik, Metaphorik). Glücklicher sein heißt dann, sich mehr in Beziehung zum anderen zu empfinden.

Dabei gibt es gute und schlechte Kommunikation. Schlechte Kommunikation besteht in Schmollen, Schweigen, Rückzug, Maulen oder Anbrüllen. Gute Kommunikation vermittelt in erster Linie der Partnerin, dass das Ziel in einer gemeinsamen Lösung besteht. Wenn die Frau sich abgewertet oder gar entwertet fühlt nach einem Streit, besteht nicht nur eine Kränkung, sondern das Gefühl, nicht mehr eine gemeinsame Sache zu machen, d. h. in einem Boot zu sitzen. Aber: Schlechte Kommunikation oder ein heftiger Streit sind meist doch noch besser als gar keine Kommunikation.

Teamgeist

Die modernen Erziehungswissenschaften haben uns nach Jahrzehnten der Erforschung unterschiedlicher Erziehungsstile mit einer einfachen Wahrheit beglückt: Unabhängig vom jeweiligen Erziehungsstil ist das Wichtigste, dass die Partner sich auf einen gemeinsamen Erziehungsstil einigen! Anders ausgedrückt: Was Kinder heute von ihren Eltern am meisten brauchen, sind Liebe und Eindeutigkeit. Es geht also vorrangig nicht darum, wer den besseren Erziehungsstil hat, sondern sich auf gemeinsame Leitlinien oder Prinzipien oder Regeln zu einigen. Damit entstehen für Kinder Verlässlichkeit, Orientierung, Grenzen, Sicherheit.

Problemlösungen

Raum, Zeit, Geld und Liebe sind die vier großen Themen in Familien, um die sich viele Konflikte ranken. Wer bekommt in der Familie wie viel Raum, Zeit, Geld und Liebe von den anderen? Wichtig ist das Aushandeln der verschiedenen Interessen, das Suchen nach Kompromissen, die Integration verschiedener Interessen. Dies ist auch eine gute Übung für den späteren beruflichen Alltag – oder eine Politikerkarriere.

Probleme und Konflikte gehören zum Alltag jeder Familie. Wichtig ist die Frage, wie man mit ihnen umgeht. Versuchen Sie nicht, die Konflikte zu bagatellisieren, zu harmonisieren oder gar zu verleugnen, sondern offen zu benennen und streben Sie gemeinsame Lösungen an. Auch hier gilt wiederum: Es gibt nicht nur eine einzige richtige Lösung, sondern meist verschiedene. Einigen Sie sich mit Ihrer Partnerin und streben Sie keine autokratischen Lösungen an. Es wird von Frauen nicht mehr als Zeichen männlicher Stärke angesehen, wenn Männer einsame Entscheidungen treffen und ihre Befolgung einfordern. Achten Sie auch darauf, dass jeder Lösungsweg seine Zeit hat: Was zu einem Zeitpunkt richtig ist, kann zu einem anderen falsch sein. Manchmal eignen sich für einen Einigungsprozess in einer Familie auch so genannte Familienkonferenzen, besonders bei schon größeren Kindern.

Männer haben manchmal Probleme, weil sie keine Lösungen für Probleme haben und sie trauen sich erst dann Probleme anzusprechen, wenn sie bereits Lösungen haben. Dann fallen Problembenennungen mit Lösungsverkündigungen zusammen und geben dem Mann das Gefühl der Stärke und der Frau das Gefühl, überflüssig zu sein. Für Frauen sind Männer oftmals entschieden stärker und auch attraktiver, wenn sie es sich leisten, Probleme benennen zu können, ohne gleich Lösungen parat zu haben und dann mit ihnen gemeinsam nach Lösungen zu suchen. Lösungen sind immer nur dann wirkliche Lösungen, wenn sie von den Menschen akzeptiert und umgesetzt werden, auf die sie sich beziehen sollen. So kann die Lösung für die eine Familie das Problem für die andere sein.

Kinder

Kinder lassen sich nicht erziehen wie die Untergebenen im Betrieb. Mich fragte mal ein höherer Manager: Jeden Tag sage ich mehr als 1000 Leuten, was sie tun sollen und sie machen es, aber mein 15-jähriger Sohn macht was er will, warum hört der nicht auf mich? Ich habe ihm geantwortet: Weil Sie nicht sein Vorgesetzter, sondern sein Vater sind. Er will Sie als Vater herausfordern, sich an Ihnen reiben, provoziert den Widerspruch, weil er Sie braucht und Sie liebt. Ihre Untergebenen lieben Sie nicht und sollen das auch nicht, die respektieren Sie und respektieren Ihre Sachkompetenz. Manchmal können Sie auch für die Mitarbeiter väterlich sorgen, aber als Vater eigener Kinder sind Sie ganz anders gefordert.

Nehmen Sie die Wünsche und Fragen Ihrer Kinder ernst, ohne ihnen nachzugeben. Bleiben Sie in der aktiven Auseinandersetzung mit Ihren Kindern, denn sonst müssen sich die Kinder etwas ausdenken, um die Reibung mit dem Vater zu haben. Die Palette kindlicher Aufmerksamkeitserfindungen reicht von Schulproblemen bis zu psychosomatischen Erkrankungen oder Spritztouren mit dem Auto des Vaters. Versuchen Sie, im Kontakt mit den Kindern deren besondere Neigungen, Interessen, Eigenarten, Fähigkeiten, Temperamente und Charaktere zu berücksichtigen, lassen Sie die Unterschiede zu und fördern Sie diese. Und bedenken Sie: Ungleiche Behandlung von Kindern kann gerecht sein. Kleine Kinder dürfen etwas, was große nicht mehr dürfen, große Kinder dürfen schon etwas, was kleine noch nicht dürfen.

Werte

Jede Familie hat ihre kulturelle Identität, ihre gemeinsamen Werte und Traditionen. Diese gelten nicht gleich bleibend, nachdem sie einmal erschaffen wurden, sondern sie müssen beständig überprüft, erneuert und vor allem gepflegt werden. Dies betrifft Geburtstage und Festtage, familiäre Höhepunkte wie Hochzeiten und Konfirmationen, aber auch die kleinen Riten und Traditionen im Alltag. Je mehr Sie diese pflegen und beachten, desto mehr werden sie mit ihnen identifiziert. Auf diese Weise sind Sie in der Familie symbolisch präsent und bedeutsam, ohne unbedingt physisch anwesend zu sein. Zudem sind Werte grundlegend bedeutsam für die Regeln des Alltags und damit das Funktionieren der Familie.

Grenzen

Die Beachtung von Grenzen wird in Familien immer bedeutsamer für die Beziehungen der Menschen untereinander. Wir unterscheiden in der Familienpsychologie fünf Formen von Grenzen: die Grenzen innerhalb eines Individuums zwischen Erleben, Gefühlen, Denken und Verhalten; die Grenzen zwischen Individuen im Sinne von Nähe und Distanz; die Grenzen zwischen den Geschlechtern; die Grenzen zwischen den Generationen bzw. zwischen Eltern und Kindern und die Grenzen zwischen dem Familiensystem als Ganzem und den äußeren Systemen, wie Arbeitswelt, Schule, Freunde. Insbesondere die Grenzen zwischen Arbeit und Familie sind für Männer bedeutsam. Werden die Grenzen und damit die Unterschiede missachtet, dann wirkt der berufliche Stress kontraproduktiv zu Hause oder der familiäre Stress leistungsmindernd im Job. Grenzen setzen will gelernt sein. Die meisten erfolgreichen Manager sehen die Anforderungen ihres Jobs als Konstante und die Familie als Variable. Dies rächt sich früher oder später. Sie müssen lernen, den Anforderungen des Jobs, der Firma, der Kollegen Grenzen zu setzen. Wer immer und jederzeit für die Firma da ist, der wird irgendwann ausgepowert, ausgebeutet und nicht mehr ernst genommen werden.

Bilanzierung

In allen Beziehungen gibt es eine verdeckte Kontoführung und damit verbunden ein Bestreben nach Balance zwischen Geben und Nehmen und Soll und Haben. Wenn das Konto in einer Beziehung über einen längeren Zeitraum unausgeglichen ist, zieht dies meist massive Folgeprobleme nach sich. Wer permanent das Gefühl hat, mehr zu geben als zu bekommen, der versteht die Beziehung insgesamt irgendwann als ein Verlustgeschäft. Jeder Mensch muss in seiner persönlichen Bilanz das Gefühl oder die Einschätzung haben, dass es mit und in der Beziehung letztlich unter dem Strich immer noch besser ist als ohne sie. Ist diese persönliche Bilanz chronisch negativ, wird eine Trennung immer wahrscheinlicher.

Realismus

Es ist nicht nur eine Erfahrung des Alters oder Ausdruck persönlicher Reife, in Familienfragen einen gesunden Realismus zu haben. Liebe kann auch mal in Aggression und Wut umschlagen, Sexualität ist nicht immer nur die reine Lust, Kinder nerven manchmal erheblich und Liebe ist etwas anderes als Verliebtsein. Hängen Sie die Dinge einfach nicht so hoch auf, dann können Sie nicht so tief fallen. Für die Dauer moderner Ehen und Familienbeziehungen ist manchmal nichts schlimmer als die Vorstellung von einer dauerhaften romantischen Liebe im Kreise einer ewig glücklichen Familie. Und wieso sollte die Partnerin immer liebenswert, attraktiv, vernünftig, ausgeglichen usw. sein, wenn Sie es selbst nicht sind?

Vielleicht gibt es noch weitere Aspekte des Job-Family-Managements, diese scheinen mir aber die wesentlichen. Wenn Sie noch weitere Fragen haben, wenden Sie sich vertrauensvoll an Ihre Frau.

8. Madame Bovary und ihre Schwestern

Was Frauen zum Erhalt ihrer Partnerschaft beitragen können

Frauen haben manchmal ganz bestimmte Vorstellungen davon, wie ihr Leben verlaufen soll, wie und wo sie leben wollen, wie viele Kinder sie einmal wollen, welchen Beruf sie ausüben möchten und wie sie die Karriere im Beruf mit der Zufriedenheit in den privaten Beziehungen in harmonischen Einklang bringen wollen. Diese klaren Zukunftsvisionen haben manchmal sehr viel mit ihren früheren familiären Erfahrungen zu tun: Es soll genauso sein wie früher oder auch das glatte Gegenteil, oder auch eine Mischung aus beidem, was dann als etwas ganz Eigenes gilt. Es gibt aber auch besonders hartnäckige Idealvorstellungen vom eigenen Leben, deren Herkunft schwer zu rekonstruieren ist und die ein heftiges Eigenleben führen. Und wenn dann die so genannte Wirklichkeit nicht mit diesen Idealvorstellungen einhergeht, wenn sich diese Ideale in der Realität nicht verwirklichen, dann kann es sein, dass solche Frauen immer unzufriedener werden und sich letztlich dazu entschließen, sich eine neue Wirklichkeit zu erschaffen. Dann macht ihnen die eigene Unzufriedenheit ein weiteres Leben in den bestehenden Beziehungen unerträglich, dann müssen sie sich von ihren Partnern trennen und ein neues Leben beginnen, auch wenn nicht so klar ist, wie das aussehen soll.

So hatte ich mir das nicht vorgestellt

Eine solche hartnäckige Vorstellung von der idealen Familie erscheint besonders unter denjenigen Frauen sehr verbreitet, die sich von ihren Partnern trennen, weil sie so nicht mehr weiterleben können, denn so hatten sie sich das nicht vorgestellt. Bei Männern scheint dies erheblich seltener zu sein, denn für sie sind Arbeit und Beruf die zentralen Lebensinhalte, auch wenn sie dies ihrer Familie zuliebe nicht zugeben können. Und so wie die Männer ihren Job aufgeben und sich einen anderen suchen, weil sie darin zutiefst unzufrieden sind, so beenden Frauen ihre ehelichen Beziehungen, wenn sie sich darin nicht mehr wohl fühlen. Dies kann bedeuten, dass sie sich lieber von der Ehe und Familie trennen als von ihren Idealen über sie. Sie haben sich das Leben anders vorgestellt, mit mehr Liebe oder Lebendigkeit im Alltag, nicht so profan und banal, und daher gehen sie auf die Suche nach einem neuen Leben.

Die modernen Frauen von heute brauchen dazu nicht einmal einen neuen Mann, mit dem sie all die Vorstellungen von einem neuen und besseren Leben verbinden können, sie gehen auch das Risiko ein, nach einer Trennung erst mal allein zu sein, zumindest raus aus diesem Alltag und der täglichen Erniedrigung. Aber zu dem Ideal gehört es, dass es da irgendwo draußen einen Retter gibt, der sie erlöst aus diesem täglichen Joch einer Hausfrau und Mutter, der sie wieder als Frau und Geliebte sieht und sie erneut in den Himmel der Glückseligkeit hebt und ihnen damit einen Neuanfang gestattet. Träume sind zäher als jede Wirklichkeit und manchmal haben sie eine solche Kraft, dass sie die Wirklichkeit auch zerstören können. „Madame Bovary" (Gustave Flaubert) war eine solche Frau.

Die ideale Liebe

Die Geschichte sei kurz erzählt. Emma ist eine durch und durch romantische Frau, die in ihrem Herzen stets eine schwärmerische Jugendliche geblieben ist. Mit 13 Jahren hatte ihr Vater sie in ein Kloster gegeben und dort bekam sie in all den biblischen Geschichten ihr Lebensbild für alle Zeiten bestätigt. Emma verschlang alle Romane des Herzens. Sie heiratete sehr jung den Landarzt Charles Bovary, aber schon bei ihrer ersten Begegnung verwunderte sie, dass sich nicht der Himmel auftat.

Nun war sie unvermittelt verheiratet und konnte das Profane ihres ehelichen Alltags kaum fassen. Sie fühlte sich vom Schicksal betrogen, so hatte sie sich eine Ehe nicht vorgestellt, keine ihrer romantischen Vorstellungen war bislang eingetreten. Nicht nur das Bild der Ehe litt unter der brutalen Realität ihres Alltags, auch ihr Bild von einem richtigen Mann wurde nicht bestätigt. Sie fragte sich immer wieder, ob sie den falschen Mann geheiratet hatte, wie es gewesen wäre, den richtigen, einzigen Geliebten zu treffen. Sie malte sich in ihren Tagträumen aus, wie ihr Leben mit diesem Mann hätte aussehen können, wie anders es zu dem jetzigen gewesen wäre und wie verzweifelt doch ob dieses Unterschieds ihre Lebenslage war. Wie konnte sie jemals glücklich sein angesichts dieses eklatanten Unterschieds zwischen ihrem möglichen Leben mit einer großen Liebe und dem heutigen realen Alltag?

So wird mit einer ewigen, ungestillten Sehnsucht der innere Boden bereitet für das Eintreffen eines Liebhabers, der die Verwirklichung aller nicht gelebten Träume verspricht. Er ist Patient ihres Mannes und schon sein Name verspricht viel: Monsieur Rodolphe Boulanger von La Huchette. Nachdem Rodolphe die Arztfrau kennen gelernt hat, ist er als erfahrener Liebhaber und Verführer ganz beeindruckt von ihr. Und als Mann von Welt, der die Frauen kennt und liebt, entwickelt er seine Strategie zur Eroberung eines einsamen Herzens: Er schickt ihr Obst, Blumen, macht lange Ausritte mit ihr durch die herrliche, einsame, duftschwangere Natur und Madame fühlt sich in seiner Nähe so manches Mal einem Ohnmachtsanfall nahe. Er gesteht ihr seine tiefe Einsamkeit und seine bislang erfolglose Suche nach einem verstehenden Herzen.

Die Liebe zu Rodolphe wird zu ihrem neuen Lebensinhalt, alles andere tritt in den Hintergrund, wird zweitrangig, langweilig, banal. Das Himmelreich der Liebe hat sich endlich für sie aufgetan und das irdische Leben hat seinen Reiz verloren. Er lässt sich auf alles ein, solange es keine weiteren Konsequenzen für ihn hat. Sie sehen sich drei Mal in der Woche, sie stiehlt sich auf verabredete Zeichen hin hinten aus dem Haus heraus, durch den Garten, hinauf zu seinem Haus auf der Anhöhe. Sie wird langsam übermütig und nachlässig in ihren Vorsichtsmaßnahmen und möchte am liebsten der ganzen Welt ihre Liebe mitteilen. Emma lebt ein Doppelleben als Geliebte und als zurückgezogene Ehefrau, die weiterhin von ihren Launen geplagt wird, während sie so schön wie noch nie erscheint. Ihr Mann Charles liebt sie weiterhin in naiver Treue, verzeiht ihr alle Launen und merkt nichts von ihrem nächtlichen Treiben.

Emma beginnt davon zu träumen, mit Rodolphe ein neues Leben zu beginnen, mit ihm durchzubrennen. Sie plant und bedrängt ihn, sie bestellt einen Reisemantel und einen kleinen Koffer, sie denkt an eine Reise nach Genua und dann weiter. Rodolphe äußert sich vage, verschiebt die Reise mehrmals, kann aber letztlich ihrem Drängen nicht mehr ausweichen. Eine offene Aussprache gibt es nicht, denn das wäre das gänzlich unromantische Ende ihrer Liebesbeziehung. Vor der gemeinsamen Flucht sehen sie sich ein letztes Mal, dann schreibt er ihr einen Abschiedsbrief und verlässt die Stadt auf eine längere Reise. Sein Diener überbringt ihr einen Korb mit Früchten, unten drin liegt der Abschiedsbrief. Als sie ihn liest, fällt sie in Ohnmacht, bekommt Fieber und wird ernstlich krank. Monatelang ist ihr zum Sterben zumute, ihr Körper leidet unter vielen Symptomen, die ihr ärztlicher Ehemann nicht zu deuten oder zu erklären und schon gar nicht zu behandeln vermag, es überkommt sie die Schwermut, die Lebensgeister schwinden. Erst nach Monaten traut sie sich wieder in den Garten.

Als es ihr drei Jahre später wieder besser geht, begegnet sie einer alten platonischen Liebschaft namens Leon in Rouen und beginnt mit ihm die längst überfällige Liebesbeziehung, die sie sich zuvor verwehrt hatte und die die Beziehung zu Rodolphe nicht ersetzen kann. Ihr Doppelleben kostet sie viel Geld, das sie nicht hat. Sie verstrickt sich immer mehr in Lügen und Schulden und als ihr Schuldner ihr letzten Endes ein notarielles Ultimatum setzt, bei dem Haus und Hof gepfändet werden, da weiß sie sich keinen anderen Rat mehr, als nach Jahren zu Rodolphe zu gehen und ihn um Geld zu bitten, um ihrer alten Liebe willen. Er ist erstaunt sie zu sehen, sagt aber, er könne ihr nichts leihen, denn er habe im Moment selber nichts. Sie ist am Ende und beschließt, sich zu vergiften. Ihr Leben ist sowieso nichts mehr wert, seit Rodolphe sie verlassen hat und die Schuld, die sie auf sich und andere geladen hat, kann nur durch den Freitod gesühnt werden. Sie besorgt sich Arsen und stirbt in ihrem Haus einen qualvollen Tod.

Ideale verfeinern den Alltag

In den konkreten Bildern, Beschreibungen oder Themen ist Madame Bovary sicherlich typisch für ein bestimmtes Denken im ausgehenden 19. Jahrhundert. „Sie ist ein Kind ihrer Zeit, deren Schlagworte „Empfindsamkeit, Natur, Vorurteile und sanfte Bande des Herzens" hießen, die sie durch reichhaltige Romanlektüre in sich aufnahm, mit Träumen von der großen Liebe; romantische Elemente also, die mit der banalen Wirklichkeit des Lebens in Konflikt geraten mussten. Flaubert selbst hatte sie in sich aufgenommen, weshalb er auch sagen konnte: „Madame Bovary, c'est moi." (Wilpert, Lexikon der Weltliteratur. dtv, München 1997, Werke Band 2, 835)

Idealisierungen und Schwärmereien sind normal und notwendig in Zeiten der jugendlichen Reifungskrisen. Bleiben die Idealisierungen und Schwärmereien jedoch bestehen, dann ist dies nicht nur ein Hinweis auf nicht erfolgte Loslösungen aus alten Bindungen, dann wirken sich diese ehemals emanzipatorischen Kräfte hemmend auf die weitere Entwicklung aus. Ja, dann tritt nicht Autonomie an die Stelle von Bindung, nicht Realität an die Stelle der Schwärmereien und nicht Reife an die Stelle der Jugend, dann entfalten die Ideale ihre zerstörerischen Wirkungen auf die Liebesbeziehungen.

Jeder Mensch versucht, seine Ideale beständig in die Wirklichkeit seines Lebens einzubringen und daraus entsteht die Realität stiftende Wirkung der Ideale. Solche Ideale verbessern, verfeinern und verschönern den Alltag beständig. Wenn allerdings die Ideale ein unhinterfragtes Eigenleben führen, wenn sie nicht als Hilfsmittel zur Veränderung und Erneuerung des realen Lebens eingesetzt werden, sondern als beständige Anklage gegen dieses, dann wirken diese Ideale zerstörerisch. Psychologisch verbirgt sich hinter dem schwärmerischen Festhalten an Idealen die Unfähigkeit, die Realität als solche anzuerkennen, wahrzunehmen und in das eigene Denken und Handeln zu integrieren. Realitätsprüfung ist insofern eine beständig erforderliche Leistung einer reifen Persönlichkeit und wo sie nicht stattfindet, da kann die Realität nicht bewältigt werden, da muss weiterhin in die Phantasien geflohen werden, da hat die reife Liebe keinen Platz, weil die beständige Verliebtheit der gelebten Liebe den Vorwurf der alltäglichen Banalität machen kann.

Gestiegene Erwartungen und gesunkene Zufriedenheit

Es ist eine unbestrittene Erkenntnis der modernen Familienforschung, dass die Frauen in den letzten 20 Jahren unzufriedener geworden sind mit Partnerschaft und Ehe. Wahrscheinlich waren Frauen früher nicht unbedingt zufriedener, aber heute ertragen oder erdulden sie vieles nicht mehr, definieren klarere Grenzen und trennen sich, wenn sie das Gefühl haben, alles allein bewältigen zu müssen und nicht mehr geliebt zu werden – wenn nötig auch mit Kind. Ihre Erwartungen und Ansprüche an Partnerschaft und Ehe sind ebenso stark gestiegen wie ihre Toleranzen diesbezüglich gesunken sind.

So sind Frauen beispielsweise nicht mehr bereit, auf eine berufliche Tätigkeit oder gar Karriere zu verzichten und sich stattdessen um eine Familie, das Heim, den Herd und die Kinder zu kümmern. Die Geburtenrate ist in denjenigen Ländern Europas am niedrigsten, die auch die niedrigste Erwerbsquote an Frauen haben, also Italien, Deutschland und Österreich, und sie ist am höchsten in den Ländern Europas mit der höchsten Erwerbsquote der Frauen und zugleich den besten Kinderbetreuungsmöglichkeiten, nämlich Island, Norwegen und Dänemark. Wenn man gesellschaftlich oder familiär die Frauen vor die Alternative stellt, Familie oder Berufstätigkeit, dann entscheiden sie sich immer mehr für den Beruf. Das ist keine prinzipielle Entscheidung gegen die Kinder oder ein Kind, sondern eher eine für das eigene Leben.

Mit dieser Tatsache korrespondiert eine andere Entwicklung: Die dauerhaftesten Partnerschaften sind immer noch die traditionellen mit einer klaren Rollenverteilung einer sorgenden Mutter und einem arbeitenden Vater. Es sind immer noch diejenigen Frauen am glücklichsten in ihren Familienbeziehungen, die in Mutterschaft und Partnerschaft eine Erfüllung sehen, deren Lebensziele und Lebenssinn sich in einer traditionellen Familie verwirklichen. Wenn Frauen sich für ein partnerschaftliches Lebensmodell aussprechen, bei dem Mann und Frau abwechselnd und arbeitsteilig für Einkommen und Familie sorgen, dann entspricht dies ihren Wünschen nach Autonomie und Selbstverwirklichung, aber die Konflikte innerhalb und außerhalb der Familie sind vorprogrammiert. Wir haben anscheinend immer noch keine gesellschaftliche Situation, die solche Entscheidungen unterstützt und partnerschaftliche Beziehungen ermöglicht. Bedenklich stimmt zudem der Umstand, dass von diesen Tendenzen am ehesten Frauen mit guten Ausbildungen und einem hohen Bildungsniveau betroffen sind, d. h. insbesondere intelligente Frauen spielen das alte Spiel Vater-Mutter-Kind nicht mehr mit.

Aber auch innerhalb der Paarbeziehungen sind die Ansprüche und Erwartungen der Frauen gestiegen und die Toleranzen gesunken. Sie sind immer weniger bereit, Paar- und Familienbeziehungen zu eigenen Lasten zu leben und sie ziehen schneller die Notbremse, fordern Veränderungen und trennen sich, wenn diese nicht eintreten. Auch hier betrifft dies am ehesten wiederum die intelligenten Frauen. Für

Männer, die ein traditionelles Familienbild haben, gern arbeiten gehen und eine intelligente Frau haben wollen, wird es in Zukunft schwierig sein, denn Frauen, die so etwas mitmachen, werden immer seltener, zumindest in Deutschland.

Dies ist die soziale und familiäre Ausgangssituation. Dennoch gibt es auch bei Frauen innere Haltungen, Erwartungen, Ängste oder Wünsche, die sie näher in Richtung Trennung bringen, als sie es selber gerne möchten. Wenn man Frauen befragt, die sich vor ein paar Jahren haben scheiden lassen, dann ändert sich das Bild nach fünf Jahren erheblich. Sie sehen ihre Partner und Paarbeziehungen nicht mehr so negativ und gestehen erhebliche Eigenanteile am Trennungsprozess ein. Was hätten sie tun können aus der weisen Sicht eines zeitlichen Abstands? Welche Fehler machen Frauen bei Trennungen?

Empfehlungen an die modernen Frauen

Die erste Empfehlung heißt Realismus. Dies wiederum heißt, sich von dem Traum zu verabschieden, dass eines Tages der Märchenprinz kommen werde. Der Traum vom Märchenprinzen ist ein Traum der Mädchen und jungen Frauen, den sie nur allzu gern träumen und der nicht in Erfüllung gehen wird, weil es diesen nur im Märchen und nicht in der Realität gibt. Auch der Märchenprinz ist nur ein Mensch mit vielen Ängsten (viel Frosch), guten und schlechten Seiten. Der Märchenprinz im Kopf der Frau verhindert letztlich, dass sie ihre eigene Stärke sinnvoll, ökonomisch und rationell und nicht sich selbst schadend einsetzt. Denn dass sie die Stärke besitzt, das Leben auch allein zu meistern, weiß sie, wenn sie sich von ihrem unzulänglichen Mann trennt. Aber sie beklagt sich und sucht weiter nach einem, der ihr alles abnimmt, sie auf Händen trägt, sie schön und begehrenswert findet, leidenschaftlich ist, ihr wunderbare Kinder schenkt und sie nicht einengt, sie sich selbst verwirklichen lässt. Sie sucht die Quadratur des Kreises. Nicht nur der unzulängliche Mann ist für ihre Unzufriedenheit zuständig, sie selbst nicht minder.

Daraus folgt die zweite Empfehlung an die Frauen. Versuchen Sie, Ihre Erwartungen, Wünsche und Anforderungen an ihren Mann der Realität anzupassen. Versuchen Sie nicht, aus ihm den Märchenprinzen zu machen, damit sie doch noch ihre Träume erfüllt sehen. Solche Frauen versuchen häufig, ihre Männer so zu erziehen, dass sie ihren inneren Bildern vom Märchenprinzen ähnlich werden. Das führt aber meistens dazu, dass sie sich zur Besserwisserin aufschwingen und ihn beständig wie ein Kind behandeln. Anschließend beschweren sie sich dann, dass sie keinen richtigen Mann haben, sondern nur ein weiteres Kind zu Hause.

Die dritte Empfehlung lautet: Hören Sie auf, beständig besser wissen zu wollen, wer Ihr Mann ist, wie er ist, wie er denkt, was er besser tun sollte. Ihr Mann denkt, fühlt und handelt anders als Sie und genau in dieser Menschlichkeit liegt die Herausforderung für Sie und Ihre Partnerschaft. Es wäre langweilig für Sie und eine Katastrophe für Ihre Entwicklung, wenn dies nicht so wäre. Nehmen Sie ihn ernst, streiten Sie sich mit ihm über Ihre Meinungen und Ansichten und Hoffnungen, verhandeln Sie mit ihm über alle Veränderungen Ihrer Beziehung, aber versuchen Sie nicht, ihn besser zu kennen als er sich selbst. Dieses Besser-Wissen dient nur dazu, sich nicht wirklich auf ihn einlassen zu müssen, Ihre eigenen Ängste bei dieser Herausforderung zu reduzieren und weiterhin so tun zu können, als ob Sie vielleicht doch noch mal einen Märchenprinzen aus ihm machen könnten. Wenn sich heute Frauen von ihren Männern trennen und abschätzig über deren Defizite klagen, dann sind das meist die Defizite in Bezug auf das innere Märchenbild des Prinzen. Solche Frauen trennen sich lieber von ihren realen Partnern als von ihren Idealbildern. Aber die Männer können nichts dafür, dass ihre Frauen weiterhin von Märchenprinzen träumen, sie sind wie sie sind.

Frauen zeichnen sich heute scheinbar auch dadurch aus, dass sie mehrere Sachen gleichzeitig können im Gegensatz zu den Männern. Ich glaube, dass diese vermeintliche Fähigkeit aus einer Not geboren ist und eher ein Problem als eine Qualität darstellt. Daher lautet die vierte Empfehlung: Lernen Sie von Ihrem Mann, wie man sich auf eine Sache konzentrieren kann. Ihre Unzufriedenheit rührt doch oft daher, dass Sie meinen, alles gleich gut leisten zu müssen: die Kinder erziehen, den Haushalt schmeißen, den Computerkurs absolvieren, die Karriere planen, die Kochrezepte ausprobieren und perfektionieren, den Garten pflegen, die Schulangelegenheiten der Kinder und die dazugehörigen Lernstörungen bearbeiten. Und dabei sollten Sie immer attraktiv und ausgeglichen sein.

Ein solches Programm ist unmenschlich, das kann kein Mensch schaffen, zumindest nicht auf Dauer, und es macht auch nicht zufrieden und glücklich, sondern nur frustriert. Versuchen Sie also erst gar nicht so zu werden, darin Ihr Glück zu sehen und sich anschließend selbstironisch zu beschweren, versuchen Sie doch lieber das zu tun, was Ihnen wirklich wichtig ist, denn sonst steigert sich Ihre Unzufriedenheit ins Unermessliche.

Dies ist die fünfte Empfehlung: Klären Sie Ihre eigenen Stärken und Schwächen, Ihre Wünsche und Ihre Grenzen. In Gesprächen mit Frauen erlebe ich es immer wieder, dass sie sich über die Selbstherrlichkeit der Männer, über die Abhängigkeit von ihnen und ihre Dominanz in allen Alltagsfragen beschweren. Aber wenn sie gefragt werden, was sie selbst gern möchten, wie sie selbst das Leben gern einrichten würden, wo sie ihre eigenen Stärken sehen und vor allem, welche Grenzen sie gern ziehen würden, dann werden sie häufig stumm und verzweifelt. Sie haben sich so lange auf den vermeintlichen äußeren Feind konzentriert, dass sie sich selbst verloren haben. Solch ein Prozess ist schwierig, meist fällt es ihnen viel leichter zu sagen, was sie nicht wollen, als positiv ihre eigenen Themen einzubringen. Wenn sie diese gefunden haben, allein oder mit anderen, dann gehen sie damit in die Auseinandersetzungen und Verhandlungen mit ihrem Mann. Dem ist solch ein Vorgehen auch lieber: Es läuft dann zwar nicht so, wie er es wiederum in seinen Träumen von einer genialen Verbindung von Hausfrau-Kindesmutter-Geliebter gerne hätte, aber diesen Traum muss er sich wiederum abschminken. Er hat dafür eine zufriedenere Frau und bekommt vor allem nicht irgendwann aus heiterem Himmel die Kündigung der Paarbeziehung eingereicht.

Beklagen Sie sich also nicht beim Schicksal, bei den Männern, beim Kapitalismus, bei den Freundinnen oder bei Ihrem Therapeuten. Versuchen Sie nicht, sich so lange an Lebensbedingungen anzupassen, bis es nicht mehr geht. Verabschieden Sie sich von Ihren inneren Idealen, von Märchenprinzen, Rettern und Beziehungsidealen, kehren Sie ein in die Realität der Menschen, des Alltags und der komplizierten und spannungsgeladenen Mann-Frau-Beziehungen. Bringen Sie Ihre realistischen Wünsche, Ängste, Hoffnungen und Erwartungen in diese realen Beziehungen ein. Versuchen Sie, Ihren Mann weiterhin als einen Menschen mit eigenen Gefühlen und Gedanken zu behandeln, wie Sie ihn ja kennen gelernt haben und tun Sie das gleiche für sich, dann können Sie auch wieder an einem Strang ziehen. Versuchen Sie herauszubekommen, was für Sie gut ist, formulieren Sie Ihre Gefühle und Wünsche nicht nur in Bezug auf Ihren Mann, denn daraus entstehen neue Abhängigkeiten, die Sie nicht wollen. Besinnen Sie sich auf Ihre eigenen Themen und bringen Sie diese in Ihre Partnerschaft ein, dann können Sie mit Ihrem Mann eine konstruktive und liebevolle Partnerschaft führen. Auch im Alltag.

Abschließend noch ein Rat eines großen deutschen Dichters an die Frauen. Das Gedicht stammt von Kurt Tucholsky aus dem Jahre 1930 und heißt: Der andere Mann.

Der andere Mann

Du lernst ihn in einer Gesellschaft kennen.
Er plaudert. Er ist zu dir nett.
Er kann dir alle Tenniscracks nennen.
Er sieht gut aus. Ohne Fett.
Er tanzt ausgezeichnet. Du siehst ihn dir an ...
Dann tritt zu euch beiden dein Mann.
Und du vergleichst sie in deinem Gemüte.
Dein Mann kommt nicht gut dabei weg.
Wie er schon dasteht – du liebe Güte!
Und hinten am Hals der Speck!
Und du denkst bei dir so: „Eigentlich ...
Der da wäre ein Mann für mich!"
Ach, gnädige Frau! Hör auf einen wahren
Und guten alten Papa!
Hättest du den Neuen: in ein, zwei Jahren
Ständest du ebenso da!
Dann kennst du seine Nuancen beim Kosen;
Dann kennst du ihn in Unterhosen;
Dann wird er satt in deinem Besitze;
Dann kennst du alle seine Witze.
Dann siehst du ihn in Freude und Zorn,
von oben und unten, von hinten und vorn ...
Glaub mir: wenn man uns näher kennt,
gibt sich das mit dem happy end.
Wir sind manchmal reizend, auf einer Feier ...
Und den Rest des Tages ganz wie Herr Meyer.
Beurteil uns nie nach den besten Stunden.
Und hast du einen Kerl gefunden,
mit dem man einigermaßen auskommen kann:
dann bleib bei dem eigenen Mann!

9. Keine Liebe ohne Alltag!

Die Komponenten der Liebe im Alltag

Kann man sich die Welle ohne das Wellental, den Winter ohne den Sommer, den Tag ohne die Nacht, den Regen ohne die Sonne, die Freude ohne den Schmerz vorstellen? Und wie verhält es sich mit der Liebe und dem Alltag? Der Alltag ist nicht der Feind der Liebe, sondern der permanenten Verliebtheit. Der Alltag ist die Wirklichkeit und damit das Ende der Verzauberung, die Realität einer Partnerschaft tritt an die Stelle der gegenseitigen Idealisierung. Ist damit die Liebe zu Ende? Keineswegs, sie kommt nur in eine neue Phase. Und die Paarbeziehung hat nur dann eine Zukunft, wenn sie diese Wandlung von der verliebten in die gelebte Liebe vollzieht, indem sie den Alltag mit all seinen Herausforderungen bewältigt.

Liebe ist im Alltag durchaus möglich und die meisten Menschen wissen das auch, aber die Verliebtheit, dieses flüchtige, wunderbare und erregende Gefühl, kann es im Alltag nicht auf Dauer, sondern jeweils nur für kurze Zeiten geben. Sie reicht vom verliebten Augenblick bis zur monatelangen Verliebtheit, aber irgendwann macht sie dem Alltag Platz. Ist der Alltag damit der Feind der Verliebtheit? Nein, eher ihr besonnener Prüfer. Der Alltag stellt die Verliebtheit auf die Probe, testet sie auf ihre Dauer, auf ihre Stärke, auf ihren wahren Kern. Deshalb hassen die Verliebten den Alltag, weil er sie nicht mehr einfach so gewähren lässt, wie sie gern möchten. Der Alltag fordert die Verliebtheit heraus zu beweisen, dass mehr in ihr steckt, dass aus der Verliebtheit wirkliche Liebe werden kann.

Also sprach der Alltag ...

Der Alltag hat etwas Diabolisches und handelt wie Mephisto um die Liebe und die Seelen der Menschen. Der Alltag spricht zu den Verliebten: Gut, ihr seid verliebt, haltet eure Liebe für einmalig, ihre Dauer für ewig, ihre Größe für unermesslich? Dann beweist es! Dann will ich euch die Gelegenheit geben, mir diese große Liebe zu beweisen. Und ihr wisst, dass wahre Größe und Einmaligkeit einen wirklichen Test erfordern, denn einfache und kleine Herausforderungen kann jede noch so kleine Liebe annehmen, die wahre, einmalige, einzige und große Liebe des Lebens allerdings bedarf der wirklichen Herausforderungen und die will ich euch stellen. Ihr werdet müde sein, weil eure Kinder euch nicht schlafen lassen und das wird nicht ein paar Nächte dauern, sondern Wochen und Monate. Ihr werdet Konflikte und Auseinandersetzungen haben, wie ihr sie noch nie erlebt habt, wie ihr sie mit noch keinem Feind bislang erlebt habt und ihr werdet in der Wut den anderen verwünschen. Ihr werdet Einsamkeit erleben, obwohl ihr zusammen seid und ihr werdet verzweifelt sein über den anderen. Ihr werdet Zeiten haben, wo ihr den anderen seht und euch am liebsten umdrehen wollt, um zu gehen. Ihr werdet vom Geliebten bedrängt werden, weil er euch nah sein will, aber ihr seine Nähe nicht ausstehen könnt. Er wird um Zärtlichkeit, Zuwendung, Sexualität bitten und betteln und ihr werdet sie ihm nicht geben können, weil ihr euch so weit entfernt fühlt. Ihr werdet die Prüfungen durch andere Menschen erleben, die euch liebevoller und attraktiver erscheinen werden, als ihr es heute glauben könnt und ihr werdet die Nähe zu diesen Menschen suchen, die Versuchung eingehen und ihr werdet euch dabei schuldig fühlen. Ihr werdet Zeiten haben, in denen ihr meint, die ganze Welt habe sich gegen euch verschworen, weil eure Familien, eure Freunde oder eure Arbeitskollegen euch zusetzen. Und ihr werdet euch fragen, ob es nicht der Partner ist, der euch diese ganzen Probleme eingebrockt hat, ob es nicht das Beste wäre, sich von diesem einstmals geliebten Menschen wieder zu trennen, um besser weiterleben und weiterlieben zu können. Wohlan! Wenn eure Liebe so stark ist, dass ihr das alles nicht nur aushalten könnt, sondern bejaht, weil ihr es leben wollt, weil es das Leben ist, dann nur zu. Ich gebe euch die Gelegenheit dazu, eure große Liebe zu prüfen, denn wahre Größe zeigt sich nur in mir, im Alltag!

Und es wären nicht die Verliebten, wenn sie all diese Worte hören und zugleich in den Wind schlagen würden. Wenn sie nicht zu diesem ganzen Programm der gelebten Liebe im Alltag ja sagen würden, denn sie sind verblendet von ihrer Liebe. Sagt also nicht, ihr habt es nicht gewusst. Sagt nicht, dass ihr nicht wusstet, dass die Ehen durchschnittlich nur vier bis fünf Jahre dauern und kein ganzes Leben, sagt also nicht, dass ihr nie mehr einen anderen Menschen so lieben werdet wie diesen. Sagt nicht, wir hätten euch das alles nicht gesagt, wir haben es gesagt, aber ihr wolltet es nicht wirklich hören.

Wenn ihr ein Programm wollt, das euch am besten schützt vor der miserablen Statistik und dem wahrscheinlichen Niedergang eurer Liebe, dann kann ich es euch geben. Nehmt mich als Ratgeber, lernt mich zu lieben, mich, den Alltag! Nur wenn ihr mich lieben lernt, wird eure Liebe tief sein und länger dauern als jede andere. Nur wenn ihr nicht mehr den flüchtigen Augenblick des Verliebtseins sucht, wenn ihr eure rosaroten Brillen abnehmt und mich in eure Arme schließt, mich, den Stress, die Zeitnot, den Geldmangel und die Banalität, dann werdet ihr die wirkliche Liebe kennen lernen! Nur dann! Wenn ihr den Weg von der verliebten Liebe in die gelebte Liebe geht, wenn ihr von den übermenschlichen Idealen zur menschlichen Realität kommt, dann hat eure Liebe eine Chance, dauerhaft und glücklich zu sein. Denn ihr könnt vom anderen nicht etwas erwarten, was ihr selber nicht seid. Ihr beide seid Menschen mit Fehlern, Schwächen, Problemen, ungelösten Konflikten, unangenehmen Seiten und Geheimnissen. Wenn ihr daran etwas ändern wollt – und wie ich euch verstehe, soll eure Liebe dazu beitragen –, dann müsst ihr den Mut haben, euch mit diesen menschlichen Seiten auseinander zu setzen und dabei braucht ihr den anderen ebenso, wie er euch braucht. Das ist die Kur, die ich euch anbiete, ihr habt die Wahl!

Mephisto schweigt und lächelt und die Verzweifelung der

Menschen über seine Worte ist tief. Aber ich hoffe, Sie haben ihn verstanden.

Glückliche und dauerhafte Liebe

Man berichtet von den Orang-Utans, dass sie eine Paarbeziehung eingehen und sich dann ein Leben lang treu seien. Immerhin haben diese Affen ungefähr 95 Prozent ihrer genetischen Ausstattung identisch mit den Menschen. Interessant wäre die Beantwortung der Frage, ob die Orang-Utans in ihren Paarbeziehungen auch glücklich sind. Aber dazu müsste man wissen, wie Orang-Utans sind, wenn sie glücklich sind. Ein Kennzeichen dafür soll sein, dass sie sich gegenseitig den Rücken kraulen, aber wirklich erforscht ist das Thema noch nicht.

Menschen kann man hingegen direkt befragen, aber bei dieser Spezies weiß man wiederum nie, ob sie auch die Wahrheit sagen oder nur ihre Wünsche, Freundlichkeiten, Schönfärbereien oder Tagesgefühle. Kann man also der Beantwortung der Frage, wie man eine glückliche und dauerhafte Partnerschaft leben kann, näher kommen, indem man Paare befragt, die sich als glücklich einschätzen und schon viele Jahre zusammen sind? Zum Teil sicherlich, obwohl die meisten Paare, die heute 25 Jahre und mehr zusammen sind, in einer anderen Zeit groß geworden sind, andere Werte und andere Ziele haben. Aber wen will man sonst fragen?

Mit einem Fragebogen wurden 204 repräsentativ ausgewählte Paare befragt, „was Paare zusammenhält und was sie trennt". Das Durchschnittalter der Männer lag bei 45 Jahren, der Frauen bei 43 Jahren, die Ehedauer lag zwischen fünf Jahren und 30 Jahren, im Durchschnitt bei 16 Jahren. Gefragt wurde, welche der insgesamt 19 Kriterien sie für bedeutsam für die Stabilität und die Zufriedenheit in ihrer Paarbeziehung einschätzen. Diese Kriterien waren: Austausch im gemeinsamen Gespräch; die Aufteilung gemeinsamer und eigener Lebensbereiche; berufliches Einkommen; die Beziehung zu den Herkunftsfamilien; die Rollenaufteilung innerhalb der Partnerschaft; die persönliche Entwicklungsmöglichkeit in der Partnerschaft; die Wahrnehmung von Solidarität und Unterstützung innerhalb der Partnerschaft; das gemeinsame Sexualleben; die Erotik; die Liebe; die Zärtlichkeit; der Umgang mit dem Thema sexueller Außenbeziehungen; die Identifikation mit der Partnerschaft; die Wahrnehmung der Verschiedenheit der Partner; Gefühle von Verflechtung und Schuld dem Partner gegenüber; die Angst vor dem Alleinleben; die finanzielle Situation; die religiöse Dimension der Partnerschaft; der Alltag mit den Kindern (Quelle: Jürg Willi, Psychologie der Liebe. Persönliche Entwicklung durch Partnerbeziehungen. Klett-Cotta, Stuttgart 2002, S. 20–21).

Die Ergebnisse sind eindeutig: Männer und Frauen beurteilten beide die „Liebe" als das wichtigste Kriterium für eine dauerhafte und glückliche Paarbeziehung! Das zweitwichtigste Kriterium ist die Identifikation mit der Partnerschaft, also der Zusammenhalt in der Paarbeziehung und damit auch die Frage, wie sehr man zur Beziehung steht, auch wenn es mal schlechte Zeiten geben sollte. An dritter Stelle folgte der Austausch im gemeinsamen Gespräch und an vierter Stelle die persönliche Entwicklung in der Partnerschaft. Erstaunlich an den Ergebnissen war, dass die Zärtlichkeit erst an zehnter Stelle, die Erotik an zwölfter und das gemeinsame Sexualleben erst an vierzehnter Stelle rangierten. Anscheinend werden körperliche Dinge im Verlaufe einer langjährigen Beziehung unwichtiger, während andere bedeutsamer werden.

Die empirische Forschung hat uns im Laufe der letzten Jahrzehnte mit hunderten solcher Kriterien beglückt und anschließend versucht, aus der Vielzahl aller Kriterien die entscheidenden herauszufiltern, so genannte Superfaktoren. Neuestes Ergebnis eines solchen Filterprozesses sind die „Big Five": Liebe, Konflikt, Sicherheit, Investment und Altruismus.

Diese fünf Faktoren scheinen heute die bedeutsamsten zum Verständnis einer langjährigen und glücklichen Partnerschaft zu sein. Dabei muss man davon ausgehen, dass alle Faktoren – insbesondere die Liebe – jederzeit vorhanden sein müssen, allerdings in unterschiedlicher Stärke und Mischung.

Die Liebe hat zwei Seiten: die sexuelle Leidenschaft, die bei jüngeren Paaren bedeutsamer ist, und die vertrauensvolle Intimität, die ältere Paare so schätzen. Dies bedeutet nicht, dass jüngere Paare die Liebe eher körperlich leben und die älteren Paare sie eher als Intimität. Wer in frühen Beziehungsjahren nicht mit der Intimität anfängt, der wird sie vielleicht nie entwickeln und Sexualität im Alter kann durchaus heftig, lustvoll und befriedigend sein. Aber die Intimität erscheint mir der bedeutsamere Teil von beiden zu sein. Eine aufregende und lustvolle Sexualität können wir mit vielen Menschen haben, aber eine Intimität setzt tiefes Vertrauen voraus, so dass beide Partner sich gegenseitig öffnen können und einen Tiefgang in der Beziehung erreichen, der nicht mit vielen Menschen im Leben möglich ist.

Auch der Konflikt hat zwei Seiten: die Zahl und die Schwere der Konflikte, die es in einer Partnerschaft gibt, und die Fähigkeiten eines Paares, diese Konflikte zur Sprache zu bringen, zu lösen und für die Zukunft daraus zu lernen. Die zweite Seite ist natürlich die bedeutsamere, denn selbst häufigere und schwerere Konflikte können einer Partnerschaft nichts anhaben, wenn die Partner diese Konflikte lösen können, an der Lösung zugleich reifen und damit einen Fundus an Lösungswegen für die zukünftigen Konflikte haben. Umgekehrt nützt selbst ein niedriges Konfliktniveau gar nichts, wenn die Partner selbst mit den wenigen Konflikten nicht zurechtkommen. Allerdings wirkt sich ein hohes Konfliktniveau sicherlich schlecht auf die Zufriedenheit der Partner aus. Aber häufige und heftige Konflikte haben meist auch nicht ihre Begründung darin, dass es nicht genügend Lösungsmöglichkeiten gibt. Da muss man dann schon den Konflikten nachgehen und versuchen zu verstehen, woher sie kommen, was dahinter steht und welche Bedeutung sie in der Partnerschaft haben.

Ein häufiges Missverständnis sollte allerdings angesprochen werden. Viele Paare glauben, dass häufige Konflikte in einer Beziehung ein Hinweis auf mangelnde Liebe sei und weniger Konflikte entsprechend ein Zeichen für mehr Liebe. Das stimmt so nicht, es kommt auf den Charakter der Konflikte an. Handelt es sich beispielsweise um Konflikte von außen, durch Anforderungen der Schule oder des Arbeitsplatzes, dann ist das ebenso normal wie bei so genannten normativen Konflikten, die aus den Entwicklungszyklen der Familie resultieren, wie die notwendigen Umstellungen bei der Geburt des ersten und des zweiten Kindes. Bedeutsam werden solche Konflikte erst dann, wenn sie beständig wiederkehren, etwas mit der Paarbeziehung zu tun haben und vielleicht schon älter sind als die Partnerschaft. Dann empfehle ich eine Paartherapie. Wenige Konflikte in der Paarbeziehung zu haben, muss nicht ein Hinweis auf die Liebe, sondern kann ein Anzeichen von Konfliktvermeidung sein. Wer seinen Partner oder seine Partnerin liebt, der soll sich mit ihm oder ihr auseinander setzen, insofern können Konflikte durchaus ein Hinweis auf die Liebe sein.

Das dritte Kriterium, die Sicherheit, hat natürlich auch viel mit Vertrauen zu tun, umfasst aber mehr. Es bedeutet vor allem auch Verlässlichkeit und Verantwortlichkeit, zwei Kriterien, die besonders Frauen bei der Auswahl eines Mannes wichtig sind, der einmal der Vater ihrer Kinder sein soll. Für Frauen haben Männer die „Güteklasse A", wenn sie sich als verlässlich und verantwortlich erweisen, denn diese Eigenschaften braucht eine Frau, wenn sie mit einem Mann das Unternehmen starten will, gemeinsam Kinder großzuziehen. Sicherheit ist aber auch zu verstehen im Sinne einer Bindungssicherheit. Selbst wenn der Partner mal nicht anwesend ist, hat man das innere sichere Gefühl der Zugehörigkeit und Verbundenheit. Diese innere Sicherheit, die vor allem als Gefühl und weniger als ein Wissen besteht, gibt beiden Partnern die Möglichkeit, sich voneinander zu entfernen, getrennt Aufgaben wahrzunehmen, an verschiedenen Orten und doch verbunden zu sein. Letztlich ermöglicht diese Art von Bindungssicherheit eine Autonomie, so dass umgekehrt bei einer beschränkten Sicherheit auch eine latente Unselbständigkeit vorhanden ist. Oftmals bringen Partner aus ihren früheren Beziehungen – Elternbeziehungen, frühere Partnerschaften – eine latente Bindungsunsicherheit mit, die dazu führt, dass sie die Sicherheit der Paarbeziehung dauernd in Frage stellen, dem anderen misstrauen und ihn oder sie kontrollieren müssen. Es gilt also immer zu fragen, inwieweit das Verhalten des jeweiligen Partners dazu Anlass gibt, sich unsicher und damit unselbständig zu fühlen, oder inwieweit diese Gefühle eventuell älter sind als die aktuelle Paarbeziehung.

Altruismus bedeutet übersetzt: Selbstlosigkeit. Partner sollten sich gegenseitig selbstlos behandeln, den anderen unterstützen und wenn nötig auch Opfer bringen, schlicht füreinander da sein. Das ist in Zeiten des blühenden Egoismus und der Ich-AG sicherlich antizyklisch und wenig modern, aber für eine gelingende Partnerschaft bedeutsam. Solange zwei Partner getrennt leben, keinen gemeinsamen Haushalt mit Kindern und mehrfachen Verpflichtungen haben, wird Altruismus nur benötigt beim Bezahlen der Restaurantrechnungen oder beim Einsteigen in den niedrigen Sportwagen. Sobald aber nicht nur gemeinsame Verpflichtungen da sind, sondern der Alltag auch Einschränkungen oder gar Krisen mit sich bringt, dann wird diese Fähigkeit auf beiden Seiten sehr bedeutsam. Insbesondere im Kontakt mit Säuglingen und Kleinkindern ist der Altruismus unerlässlich, weil sie diese Fähigkeit partiell einfordern. Kinder brauchen Eltern, die in der Lage sind, ihre eigenen Bedürfnisse zurückzustellen, und sich um die Befriedigung ihrer Bedürfnisse sorgen. Aber auch in Krisen, die durch Krankheiten eines Partners ausgelöst werden können, bedarf es solcher Fähigkeiten. Altruismus bedeutet in der Praxis auch, seine eigenen Interessen, Wünsche oder Bedürfnisse zugunsten der anderen zurückzustellen, für den anderen oder die anderen da zu sein und es gibt nicht wenige Menschen, die diese Fähigkeit als Nachweis der wahren Liebe bewerten.

Investment bedeutet die Fähigkeit, in der Partnerschaft Verbindlichkeit herzustellen. Investiert werden dabei nicht nur finanzielle Mittel in eine Lebensversicherung, ein Haus oder eine Eigentumswohnung oder ein gemeinsames Auto. Auch Kinder bedeuten eine Investition in eine gemeinsame Zukunft, sowohl menschlich als auch finanziell, nervlich und emotional. Ein hohes gegenseitiges Investment bedeutet demnach, dass beide Partner sich wirklich und ernsthaft auf eine gemeinsame Beziehung einlassen wollen, wobei die Investitionen in der Gegenwart immer Investitionen in die Zukunft sind.

Einen besonders hohen Wert im Faktor Investment hat die Heirat. Fragt man Paare vor und nach der Heirat, so fühlen sie sich liebender und geliebter nach einer Heirat, obwohl außer dem äußerst symbolischen Akt der Vermählung gar nichts Besonderes passiert sein muss, es sind dieselben Menschen, aber ihr Gefühl zueinander, die gefühlte Nähe und das Ausmaß der Liebe sind eindeutig gestiegen. Als symbolische Handlung bedeutet eine Heirat das Versprechen auf Dauer: Die Suche hat ein Ende, ich werde in diesem Leben keine andere Partnerschaft mehr haben wollen, mit dir will ich leben und alt werden, das verspreche ich vor dem Staat und vor Gott! Eben weil die ganze Feier voller Mythologie ist – dem Schleier vor der Braut, den Farben Weiß und Schwarz, einem öffentlichen Gelöbnis vor geladenen Gästen, der ganzen Familie und allen Freunden und einem anschließenden Festschmaus als Ritual – wirkt sie als bedeutsame Handlung.

Aus psychologischer Sicht ist die Symbolik derartiger Handlungen sicherlich bedeutsamer als eine reale, finanzielle Investition. Ein Haus kann man wieder verkaufen, für Kinder kann man Sorgerechtsregelungen erzielen, Kredite kann man zurückzahlen, aber wirklich bedeutsam für die Beziehung ist der Wille und die ernst gemeinte Absicht, gemeinsam eine Zukunft aufzubauen. Das nährt ein Gefühl der Sicherheit und des Vertrauens, letztlich der Liebe. Alle jemals befragten Paare waren sich darin einig, dass von allen Kriterien einer gelingenden und glücklichen Partnerschaft die Liebe das bedeutsamste ist. Fast hat es den Anschein, als sei die Liebe ein Ausdruck für die Summe aller positiven Aspekte einer glücklichen Paarbeziehung. Vielleicht ist Liebe lediglich ein Begriff, der genau dies zum Ausdruck bringen soll: Wir haben ein Gefühl von emotionaler Nähe und Sicherheit in der Beziehung, wir haben eine leidenschaftliche Sexualität, wir sind intim miteinander, vertrauen uns gegenseitig, es gibt ein hohes Maß an gegenseitigem Investment, wir haben Konflikte miteinander, die wir mehr oder weniger gut lösen können, und wir planen eine gemeinsame Zukunft, weil wir meinen, den richtigen Partner „fürs Leben" gefunden zu haben, kurz: Wir lieben uns!

Liebe als Identifikation mit der Paarbeziehung

Ist demnach Liebe eher das Ergebnis einer Beziehungsbilanz? Bedeutet dies, dass die Liebe fraglich wird, wenn die Bilanz nicht mehr eindeutig ausfällt? Wenn nur die Hälfte dessen gesagt werden kann und der Rest zweifelhaft erscheint? Sprechen die Partner noch von Liebe, wenn sie ein hohes Investment haben, gut miteinander Konflikte lösen können, eine gemeinsame Zukunft planen, aber sich nicht mehr gegenseitig vertrauen, ein Gefühl von Unsicherheit haben, dass ihre Liebe genauso einschränkt wie ihren Selbstwert? Manche Kriterien haben für bestimmte Menschen eine absolute Priorität, für andere wiederum sind sie nachrangig. Kommt es also auf die individuelle Mischung der Kriterien an? Und natürlich variiert die jeweilige Mischung in der Zeit. Es gibt Zeiten, in denen ein hoher Wert in Sicherheit, Altruismus und ein Investment sehr wichtig sind, weil ein Kind neu geboren wurde und man sich dann auf den Partner verlassen können muss. Da kann auch mal die leidenschaftliche Sexualität etwas vernachlässigt werden, vielleicht sogar der Grad der Intimität. Und dann gibt es wieder Zeiten in einer Paarbeziehung, in der andere Kriterien wichtig sind. Ist es also eine jeweilige individuelle, innere Bilanz all dieser Aspekte zu einer jeweiligen Zeit? In Zeiten von Eindeutigkeit ja, egal wie die Bilanz ausfällt. Wenn die Partner für sich jeweils sagen können, dass sie lieben oder nicht lieben, mehr oder weniger, dann ist ja noch alles in Ordnung. Aber wehe, wenn sie der Zweifel gepackt hat, wenn sie nicht mehr wissen, wie ihre Bilanz ausfällt, weder von sich selbst, noch vom anderen, wenn sie wie eine Klientin von mir sagen müssen: „Ich weiß nicht mehr, ob ich ihn noch liebe, und ich weiß auch nicht mehr, ob er mich noch liebt, und ich weiß auch nicht, ob ich diese Liebe überhaupt noch will?" Zeiten geringer Liebe scheinen besser zu ertragen als Zeiten der Unsicherheit.

Wann aber sprechen die Partner davon, dass sie sich lieben? Psychologisch ist diese Frage eindeutig zu beantworten: wenn sie sich mit der Paarbeziehung identifizieren. Genauer gesagt: wenn sie sich sowohl mit dem Partner, als auch mit der Paarbeziehung identifizieren. Eben diesen Aspekt der Identifikation mit dem anderen und der Beziehung zu ihm hat Hegel gemeint, als er in der „Phänomenologie des Geistes" den Kern der Liebe formulierte: „Das wahrhafte Wesen der Liebe besteht darin, das Bewusstsein seiner selbst aufzugeben, sich in einem anderen Selbst zu vergessen, doch in diesem Vergehen und Vergessen sich erst selber zu haben." Neben der Identifikation mit einem Partner und einer Beziehung zu ihm oder ihr, steckt in diesen Worten noch eine weitere Wahrheit: „... in diesem Vergehen und Vergessen sich erst selber zu haben." Ein anderer Philosoph, Martin Buber, hat diesen Aspekt noch direkter ausgedrückt: „Das Ich wird am Du." Entwicklung und Reifung sind nur in der intimen Beziehung zu anderen Menschen möglich, sich selber zu haben, zu einem wirklichen Ich, einer reifen Persönlichkeit zu werden, setzt eine intime Beziehung voraus.

Alltagsliebe in symbolischen Handlungen

Solange Menschen Probleme und Konflikte miteinander haben und dennoch sagen können, dass sie sich lieben, scheint die Welt weiterhin in Ordnung zu sein. Wirkliche Probleme entstehen erst dann, wenn diese Liebe angezweifelt wird. Woher kommt der Zweifel, was nährt die Unsicherheit? Menschen zweifeln an der Liebe ihrer Partner, obwohl diese ihnen immer wieder versichern, dass sie sie noch genauso lieben würden wie in der ersten Woche. Dann glauben sie dem anderen nicht mehr, weil sie meinen, es besser zu wissen. Sie hören zwar die Worte, allein ihnen fehlt der Glaube!

In Gesprächen mit Paaren erlebe ich immer wieder, dass Menschen das Wissen um die Liebe an kleinen Dingen des Alltags festmachen, an banalen Handlungen oder nur kleinen Verhaltensweisen. Diese Handlungen haben für die Partner eine hohe symbolische Bedeutung und sie lesen diese Bedeutungen aus den Handlungen oder Unterlassungen des anderen zielsicher heraus. Es gibt allgemeine symbolische Bedeutungen, auf die man sich in unserem Kulturkreis verständigen kann: Wenn er ihr eines Tages Blumen mitbringt, obwohl er dies sonst eher selten tut, dann bedeutet dies Aufmerksamkeit, Liebe, schlechtes Gewissen oder von jedem ein wenig. Wenn sie ihm von ihren Einkäufen ein besonders schönes Hemd oder eine modische Krawatte mitbringt, dann bedeutet dies: Ich denke an dich, ich entschuldige mich für gestern Abend, zieh dich doch mal besser an, andere Männer laufen auch nicht so langweilig herum wie du.

Solche symbolischen Bedeutungen von einfachen Handlungen gehören zum Allgemeingut von Paaren und meist können die Partner relativ treffsicher sagen, um welche besondere Bedeutung es sich handelt. Auf diese Weise teilen sich Paare mit, wie sie ihr Aussehen finden, ob sie ein schlechtes Gewissen haben, wie der andere besser aussehen könnte usw. Meist werden solche Handlungen von Menschen höher eingeschätzt als alle verbalen Bekundungen. Schon Kinder orientieren sich mehr an dem, was die Eltern ihnen in Handlungen vorleben, als an dem, was sie ihnen sagen. Denn Handlungen glaubt man mehr als den Worten!

Jede Handlung ergibt Sinn!

Wie teilen sich die Partner mit, dass sie etwas voneinander wollen, dass sie Wünsche an den anderen haben? In der Tiefenpsychologie gibt es die Überzeugung: Jede Handlung ergibt Sinn! Man muss ihn nur erkennen, aber dann ist die Sprache der Handlungen manchmal deutlicher, als es den betroffenen Partnern lieb ist. Ein besonders eindringliches Beispiel lieferte ein Paar, das mit einem scheinbar alltäglichen Konflikt in die Therapiestunde kam. Diesmal war es der Mann, der sich über seine Frau beschwerte. „Stellen Sie sich vor, meine Frau hat einfach letzten Dienstag die meisten meiner Unterhosen weggeschmissen, einfach in die Altkleidersammlung gegeben. Jetzt kann ich schon nicht mal mehr über meine eigenen Unterhosen bestimmen!" – „Das waren alte und langweilige Dinger, ich habe dir hundert Mal gesagt, du sollst sie nicht einfach in der Gegend rumliegen lassen. Die waren eben alt und deshalb habe ich sie weggegeben." Meine Frage an die Frau: „Hätten Sie den Inhalt dieser alten Unterhosen am liebsten gleich mit in die Altkleidersammlung gegeben?" Sie strahlt mich an, lacht herzlich und bekennt: „Ja ... am liebsten!" Der Mann ist konsterniert und bittet um Erklärungen. Ich bitte seine Frau ihrem Mann zu erklären, warum sie so strahlend und freudig auf meine Frage reagierte. „Also, wenn du es genau wissen willst, ich finde unsere Sexualität ziemlich veraltet, so wie deine Unterhosen eben und du könntest mal neue gebrauchen." Wir sprechen ausführlich über die partnerschaftliche Sexualität. Dabei stellt sich heraus, dass die Frau mit der gemeinsamen Sexualität zunehmend unzufriedener geworden ist, sich bislang aber nicht traute, es ihrem Mann zu sagen, weil sie Angst vor seinen Reaktionen hatte, letztlich aber auch fürchtete, selbst in ihrer Sexualität hinterfragt zu werden und darauf keine Antworten zu wissen. Daher war für sie der einfachere Weg, seine Unterhosen einfach in die Altkleidersammlung zu geben.

Das anschließende Gespräch erwies sich insofern als sehr fruchtbar, weil sie solch ein offenes und ehrliches Gespräch über Sexualität noch nie miteinander gehabt hatten. Und am Ende der Sitzung bemerkt die Frau verschmitzt, sie würde ihm zur Wiedergutmachung in den nächsten Tagen neue Unterhosen kaufen. Er hat die Botschaft verstanden und sagt ihr: „I will do my best, Miss Sofie!" Was soviel heißt wie: Ich kann zwar nicht für einen neuen Inhalt der Unterhosen sorgen, aber ich werde mein Bestes geben, um unsere gemeinsame Sexualität wieder lebendiger zu gestalten.

Häufig frage ich Paare, wie sie sich gegenseitig mitteilen, dass sie Lust aufeinander haben. Oftmals sehen mich die beiden etwas verschämt und verdutzt an und versuchen die Frage zu umgehen, indem sie sagen: Das merkt man doch. Dann frage ich weiter, woran „man" das merke und meist wird es da schon kompliziert. Manchmal geht das Paar auch zu einer Aufzählung der Voraussetzungen über, die alle eintreffen müssen, bevor es überhaupt dazu kommen kann. Man muss sich anscheinend erst mal gut verstehen und keine aktuellen Konflikte haben, dann sollte man einen harmonischen Teil des Tages miteinander verbracht haben, dann sollten die Kinder für die nächste Zeit versorgt sein, am besten schon schlafen, dann sollten vom anderen erste Signale positiv beantwortet worden sein. Wenn diese Aufzählung beendet ist, frage ich meistens, ob solche Bedingungen mehr als ein Mal im Jahr zusammen eintreffen.

Selten pflegen Paare eine direkte Kommunikation in Bezug auf ihre sexuellen Wünsche und hier scheinen die jungen den alten Paaren überlegen zu sein, also weniger Scham zu empfinden, sich offen zu äußern. Der Grund dafür, sich so schamhaft und vieldeutig zu verhalten und damit eine spontane Sexualität weitgehend unmöglich zu machen, liegt sehr häufig in einer Angst vor Zurückweisung und Kränkung. Mit diesem Beispiel wollte ich verdeutlichen, dass Themen, die von wirklicher Bedeutung für die Partner sind, die Tendenz haben, komplizierter zu werden, je wichtiger sie sind. Wenn die gemeinsame Sexualität eines Paares, das sich gegenseitig liebt, schon nicht unkompliziert ist, um wie viel komplizierter muss eine Kommunikation sein, in der es um wesentliche Veränderungen in der Partnerschaft, persönliche Entwicklung und Unzufriedenheit oder gar Trennungsüberlegungen geht? Hier sind die Kommunikationen so vielschichtig und kompliziert, weil die beteiligten Ängste so immens sind und weil die Abhängigkeit vom Partner und der Partnerschaft so groß ist.

Die Kennzeichen der Beziehungskrise im Alltag

Woran erkennt man die Krise der Paarbeziehung im Alltag? Wenn Sie mehr als fünf der folgenden Aspekte mit JA beantworten können, empfehle ich Ihnen, sich Informationen über Angebote zur Paarberatung oder Paartherapie einzuholen:

Die Beziehung ist häufig blockiert, es besteht ein verdeckter Machtkampf. Die Bereitschaft zur Veränderung ist unterschiedlich zwischen den Partnern und bei beiden ambivalent. Die Beziehungsblockade behindert nicht nur die Paarbeziehung, sondern meist auch die persönliche Entwicklung eines Partners. Die Krise ist akut, die Konflikte sind offen benannt. Beide Partner sehen die Paarbeziehung ambivalent, mindestens einer der Partner denkt an Trennung oder hat dies auch schon offen angesprochen. Die Liebe ist beschädigt; die Kränkungen und Verletzungen bei einem selbst sind schmerzlicher als die Wut auf den anderen. Die gemeinsame Zukunft ist in Gefahr und damit auch das persönliche Lebenskonzept. Die bisherigen Koordinaten, Richtlinien, Lebensprinzipien sind in Auflösung (Wer bin ich, wohin will ich, was ist mein Leben, wofür lebe ich, was ist Liebe, wohin gehöre ich, wer gehört zu mir?). Der gemeinsame Alltag ist oft nur noch wenig liebevoll und ohne Achtung voreinander. Die Partner gehen sich aus dem Weg. Konfliktvermeidung und heftige Streitereien wechseln sich ab. Die bisherigen Lösungsstrategien für Probleme und Konflikte versagen. Ängste drohen die Person und die Paarbeziehung zu beherrschen. Verlust- und Trennungsängste, Ängste, sich selbst nicht mehr zu spüren oder auch die Angst, mit der Beziehung auch sich selbst zu verlieren. Die einzelnen und gemeinsamen Ressourcen sind erschöpft (der Akku ist leer). Die Bewältigungsstrategien versagen und Gespräche mit anderen Familienmitgliedern oder Freunden helfen nicht mehr weiter.

Oftmals drehen sich solche Gespräche mit Freunden oder Familienmitgliedern im Kreis, weil man selbst viel zu betroffen ist und keinen emotionalen Abstand zu sich selbst haben kann. In Paartherapien mache ich häufig die Erfahrung: Die Partner lassen sich gegenseitig nicht ausreden, Vorwurf und Erklärung wechseln sich ab, ein Zirkel aus gegenseitigen Schuldzuweisungen entsteht und letztlich haben beide Recht und keiner. Viel schlimmer ist aber, dass nichts zu Ende besprochen werden kann, sie sich gegenseitig so unterbrechen, dass man wahrlich nichts verstehen kann und die Partner sich auch nicht verstanden fühlen können, wenn sie so miteinander reden. Um also nicht in solch einem Strudel unterzugehen gestatte ich mir, mich in Gegenwart des einen Partners ausführlich mit dem anderen zu unterhalten, um seine Sichtweise kennen zu lernen, zu vertiefen und wenn möglich zu Ende zu verstehen. Danach mache ich es mit dem anderen. Eine solche Form der Einzelgespräche in Gegenwart des anderen ist hilfreich, weil es den Partnern jeweils die Möglichkeit gibt, ihre Sichtweisen, Ängste, Gefühle, Wünsche, Erwartungen oder Erfahrungen erst einmal darstellen zu können, ohne dass der andere „sowieso immer alles besser wissende Partner" eingreift.

Fragen an den partnerschaftlichen Alltag

Es gibt diesen schönen Cartoon, auf dem ein Vogel Strauß zu sehen ist, der den Kopf in den Sand steckt und darunter steht geschrieben: Manchmal hilft schon ein Wechsel der Perspektive!

Aus solchen Perspektivwechseln besteht ein großer Teil der Therapien. Nimm den Kopf aus dem Sand und schau dich um! Was siehst du? Wie siehst du dich und wie siehst du den Partner? Wie siehst du eure Paarbeziehung anders? Solche Perspektivwechsel werden meist durch ganz einfache Fragen eingeleitet, die ernsthaft und bis zum Ende beantwortet werden. Ich habe einige dieser Fragen aus meinen Paartherapien hier unten aufgelistet, damit die Leserin oder der Leser sich einmal selbst befragen kann. Das Wichtigste an der Beantwortung der Fragen ist der Versuch der absoluten Ehrlichkeit vor sich selber. Nur wenn Ihnen das gelingt, hat die ganze Sache einen Sinn. Am besten wäre es, wenn ihr Partner versuchen würde, diese Fragen auf die gleiche Weise zu beantworten. Sie sollten die Antworten in ein gemeinsames, ernstes und offenes Gespräch mit ihrem Partner oder ihrer Partnerin einbringen. Und damit diese ganze Sache nicht nach hinten losgeht, versuchen Sie Bewertungen zu vermeiden – Sie wissen schon, kleine Gehässigkeiten, Abwertungen, eingebaute Seitenhiebe usw. Lassen Sie das sein, es bringt Sie und Ihre Beziehung nicht weiter. Wenn Sie diese Hinweise erst mal berücksichtigen, dann können Sie beginnen.

Die Veränderungswünsche

Wie sollte sich heute meine Paarbeziehung ändern, damit ich glücklicher wäre? Was sind die wichtigen Punkte davon, welche wären eher unwichtig? Wenn ich drei Wünsche an meinen Partner und drei Wünsche an meine Partnerschaft formulieren dürfte, welche wären das? Was habe ich mich bis heute nicht getraut meinem Partner zu sagen? Wie würde er wahrscheinlich reagieren? Welches Bild hatte ich früher von meinem Partner und welches habe ich heute? Welche Eigenschaften fand ich damals besonders attraktiv und wie finde ich die gleichen Eigenschaften heute?

Die aktuellen Konflikte

Wann hat die aktuelle Krise begonnen und woran habe ich das bei mir und woran beim anderen gemerkt? Wie war mein Leben unmittelbar vor der Krise? Was hat sich in meinem Leben vor der Krise an inneren und äußeren Bedingungen geändert? Wodurch hätte ich zum damaligen Zeitpunkt die Krise verhindern können? Was hat sich in meiner Paarbeziehung vor Ausbruch der aktuellen Krise verändert? Aus welchen Konflikten besteht die aktuelle Krise? Welche Konflikte aus meinem Alltag kenne ich schon länger als meinen Partner bzw. meine Partnerschaft? Welche Konflikte kehren in unserer Beziehung immer wieder? Wann treten sie besonders auf, wann eher nicht? Welche Lösungen haben wir bisher versucht, wie sind sie gescheitert, welche könnten wir heute noch einmal versuchen? Wenn wir die aktuelle Krise meisten würden, welchen Gewinn hätte dies für mich, meinen Partner und meine Paarbeziehung? Welche weiteren Entwicklungen würden dadurch ermöglicht? Gibt es einen Zusammenhang zwischen meinen früheren Motiven der Partnerwahl und dem heutigen aktuellen Konflikt? Wie würden meine Eltern den heutigen Konflikt kommentieren, was würden Mutter/Vater/Geschwister dazu sagen?

Gegenseitige Vorwürfe

Was würde ich meinem Partner heute sagen, wenn ich mich trauen würde, ihm nur etwas von dem sagen würde, was ich mich bislang nicht traute zu sagen? Wie würde er wahrscheinlich darauf reagieren und wie würde ich auf seine Reaktion reagieren? Was haben seine Vorwürfe an mich mit meinen Vorwürfen an ihn zu tun?

Welches sind meine häufigsten Vorwürfe an meinen Partner? Welches sind die häufigsten Vorwürfe meines Partners an mich? Im Vertrauen: Welche davon stimmen eher, welche weniger? Welche Veränderungen in meiner Partnerschaft brauchte ich, um offener mit den Vorwürfen meines Partners umgehen zu können? Wer hat diese Vorwürfe schon mal an mich gerichtet?

Die Sicht meines Partners und meiner Partnerschaft

Wenn ich der Paarbeziehung einen Namen geben müsste, welche wäre das? Welches Tier wäre meine Paarbeziehung, welche Farbe hätte sie, welche Landschaft wäre sie? Welche Eigenschaften des Partners hätte ich gern für mich und meine eigene Entwicklung? Welche haben mich damals bei der Partnerwahl bewogen, ihn auszusuchen und welche Eigenschaften des heutigen Menschen hätte ich gern? Welche Eigenschaften von mir könnte mein Partner gut für seine Entwicklung gebrauchen? Wie würde er sich damit ändern? Wie würde er das Ergebnis finden, wie würde ich ihn dann sehen? Welche Fähigkeiten hat mein Partner, die ich gern mehr entwickeln würde? Welche Auswirkungen hätten diese Veränderungen auf unsere Partnerschaft?

Partnerwahl und aktuelle Konflikte

Wie glaubte ich bei der Partnerwahl meinen Partner verändern zu können, welche Veränderungen an mir habe ich mir durch ihn erhofft? Was habe ich an meinem Partner mal gemocht, was ich heute an ihm nicht mag, langweilig finde, nicht ausstehen kann? Welcher anderen Person in meinem Leben ist mein Partner am ähnlichsten? Wie war meine emotionale Beziehung zu dieser Person und wie ist sie heute? Welche Eigenschaften haben diese beiden Personen gemeinsam? Wann haben Sie diesen Mann zum ersten Mal als attraktiven Mann wahrgenommen, wann haben Sie diese Frau zum ersten Mal als attraktive Frau wahrgenommen? Welche Eigenschaften haben Sie mit diesem Menschen verbunden? In welchem Stadium der persönlichen Entwicklung waren Sie damals? Wie haben Ihre Freunde, vor allem aber Ihre Familienmitglieder auf diese Partnerwahl reagiert?

Zukunftsperspektiven

Zu welchen Entwicklungen hat mich mein Partner bislang herausgefordert? Welche Entwicklungen hätte ich ohne ihn nicht gemacht? Welche Entwicklungen sollten die nächsten sein? Wie könnte ich in Zukunft anders mit den heute aktuellen Konflikten umgehen? Was könnten ich oder mein Partner tun, damit es gar nicht erst zu diesen Konflikten kommt? Wie würde ich gern in Zukunft meine Beziehung anders gestalten? Was heißt das konkret für den Alltag, die Versorgung der Kinder, die Freizeit, die Kommunikation, die Sexualität, die Kontakte zu Freunden und zur Familie etc.? Welche Entwicklungen stehen an für mich? Welche für meinen Partner?

Sie können gern noch weitere Fragen beantworten, lassen Sie dabei Ihren Gedanken freien Lauf. Wenn Sie diese Fragen so ehrlich und offen Sie können beantwortet haben, schlafen Sie erst einmal darüber und sprechen Sie noch nicht gleich mit Ihrem Partner oder Ihrer Partnerin. Wenn die Gespräche gut verlaufen, dann entsteht zwischen Ihnen beiden ein Prozess der persönlichen und der gegenseitigen Veränderung: Sie werden sich ändern, Ihr Partner wird dies tun und vor allem ändert sich Ihre Paarbeziehung. Diesen Prozess und die damit verbundenen Veränderungen möchte ich nun abschließend beschreiben.

10. Von der verliebten zur gelebten Liebe

Liebe als Herausforderung

Verliebte haben manchmal Ähnlichkeiten mit Kindern. Sie essen Eis zum Frühstück, machen im Zoo die Affen nach, lachen dauernd über andere Menschen, bleiben tagelang im Bett, obwohl sie nicht krank sind, oder laufen im Unterhemd durch den Stadtpark. Wenn es Verliebten gut geht, dann wollen sie, dass es immer so bleibe, wollen die Zeit anhalten und genauso weiterleben, wie sie es gerade tun. Und wenn es Verliebten schlecht geht, weil der andere Partner ihnen böse ist oder sie sich gestritten haben, dann soll sich das sofort ändern, dann können sie diesen unerträglichen Zustand keinen Augenblick mehr aushalten. Dann wollen sie am liebsten die Zeit zurückdrehen und einen Zustand wieder herstellen, in dem sie besonders glücklich waren. Unglück können sie nicht ertragen, Konflikte wollen sie vermeiden, der Wirklichkeit begegnen sie mit einem verächtlichen Lächeln und Verantwortung wollen sie nicht einmal für sich selber übernehmen, schon gar nicht für andere. Verliebte wollen anscheinend wieder so leben, wie sie es zuletzt als Kinder gemacht haben und anstelle von Eltern wünschen sie sich meistens Schutzengel. Manchmal provozieren sie das Schicksal, laufen bei Rot über die Ampel, ärgern Kampfhunde oder klauen Kuchen im Supermarkt. Sie fühlen sich mächtig durch ihre Liebe, beinahe unsterblich. Verliebt sein setzt Glückshormone frei und lässt den eigenen Selbstwert in ungeahnte Höhen steigen. Solche Menschen sind nahe an ihrem eigenen Ideal, sie sind den Göttern nahe und fühlen sich auch so.

Sich einen Partner schnitzen

Verliebt sein bedeutet im psychologischen Sinne, den Sexualpartner zu idealisieren. Dieser Mensch wird mit einem

Glorienschein gesehen, seine Nähe gibt Kraft und Wärme und eine Trennung lässt schmerzliche Sehnsucht aufkommen, die körperlich fühlbar ist. Manche Verliebte empfinden sicherlich so, weil sie sich selbst auch idealisiert fühlen: Man liebt, weil man geliebt wird. Insofern ist ein verliebtes Paar gefangen in gegenseitiger Idealisierung und wenn einer von beiden in seiner Idealisierung nachlässt, dann wird es für beide kritisch. Aber auch dann noch bleiben die Verliebten ihrer Kindlichkeit treu. Sie wollen, dass sich der andere ändern möge, denn eine selbstkritische Haltung verträgt sich nicht mit Verliebtheit. Der Partner soll so sein und bleiben, wie man sich ihn von den Göttern gewünscht hat und wie man ihn anscheinend endlich für so viele Leiden vorher auch verdient hat.

Solche verliebten Menschen haben viel Ähnlichkeit mit Pygmalion, dessen Geschichte der Dichter Ovid in seinen „Metamorphosen" beschrieben hat. Dieser Schöpfungsmythos kennzeichnet die Haltung vieler verliebter Menschen: Ich schaffe mir einen Traumpartner nach meinem eigenen, inneren Bild und wenn die Götter mir wohl gesonnen sind, dann werden sie diesem Wesen Leben einhauchen und ich kann bis an das Ende meiner Tage glücklich sein, denn der andere ist stets so, wie ich ihn mir wünsche. Das klingt nicht reif und aufgeklärt, sondern eher wie kindliches Wunschdenken. Wie aber kann eine Liebesbeziehung idealer Weise anders gedacht werden? Ich glaube, wir können von einem anderen Bildhauer lernen.

Michelangelos Bescheidenheit

Michelangelo Buanarotti hatte eine gänzlich andere Perspektive als sein mythologischer Künstlerkollege; während Pygmalion den Menschen nach seinem eigenen inneren Vorbild erschaffen hat, versuchte Michelangelo, den anderen so zu sehen, wie dieser gerne selber wäre, also möglichst nah an dessen eigenem Ideal. Als Michelangelo einmal gefragt wurde, wie er diese wunderbaren Kunstwerke erschaffen könne, wie er beispielsweise einen David aus einem Steinblock erschaffen habe, da antwortete er bescheiden und weise: Das Kunstwerk sei ja schon im Stein enthalten gewesen, bevor er es freigelegt habe. Seine Arbeit habe lediglich darin bestanden, dieses Kunstwerk im Stein zu erkennen und es dann bloß noch freizulegen.

Wenn wir diese Perspektive Michelangelos auf verliebte Menschen in Partnerschaften übertragen, dann sind nicht mehr die eigenen Wünsche und Interessen Ausgangs- und Endpunkt des verliebten Denkens, sondern der jeweilige Partner. Wir erkennen im anderen dessen Potentiale, seine – und nicht unsere – Ideale, seine potentiellen inneren Kunstwerke. Und die Aufgabe der Partnerschaft besteht „nur noch" darin, diese freizulegen. Mit dem geliebten Partner geschieht in der Folge davon ebenfalls etwas Wundersames: Dieser hat nicht mehr das Gefühl, sich nach den Wünschen des anderen verhalten zu müssen, sondern fühlt sich verstanden, nahe an seinem Ideal gesehen und damit der Selbstverwirklichung ein Stück näher. Eine solche Partnerschaft verharrt nicht in der gegenseitigen Forderung, der jeweils andere möge sich ändern, sondern darin, sich in seinen möglichen Entwicklungen gegenseitig herauszufordern und dadurch dem eigenen Ideal näher zu kommen. Die verliebten Partner benehmen sich wie die Bildhauer aus Michelangelos Schule: Sie hämmern und schleifen am anderen, um aus dem groben Steinblock alles freizulegen, was dieser an Entwicklungspotentialen mit sich herumträgt, ohne es bislang zu wissen oder selbst daran zu glauben. Solche Partner helfen sich in ihrer gegenseitigen Freilegung ihrer Entwicklungsmöglichkeiten und fordern diese nicht nur beim anderen ein. Allerdings gilt es für diese bildhauerische Arbeit in Partnerschaften eine Kleinigkeit zu beachten. Das freizulegende Ideal ist immer das Ideal des anderen, nicht das eigene wie bei Pygmalion. Und wenn der geliebte Partner das Gefühl bekommt, die Sicht seiner Möglichkeiten sei wieder idealisiert und verklärt, dann steigt er womöglich aus der Partnerschaft aus, denn dann bekommt er das Gefühl, es gehe nicht um ihn. Fragen Sie also ihren Partner, was Sie tun können, damit er sich weiterentwickeln, selbstverwirklichen und seinem Ideal annähern könne, und bitten Sie ihn, das Gleiche mit Ihnen zu tun.

Für die Psychologin Verena Kast besteht darin sogar der wahre Kern der Liebe: „Vielleicht entsteht Liebe nur dann, bricht Liebe nur dann auf, wenn wir in einen geliebten Menschen seine besten Möglichkeiten hineinsehen und diese aus ihm herauslieben können, Möglichkeiten, die ihn über die Enge des bisherigen Gewordenseins hinaustragen, die sein Leben für etwas öffnen, was er nicht für möglich gehalten hätte. Und indem wir die besten Möglichkeiten in einen geliebten Menschen hineinsehen – oder vielleicht besser: aus ihm heraussehen –, gewinnen wir als Liebende teil an ihm, und es werden auch in uns Aspekte wach, die über das hinausgehen, was wir geworden sind, worauf wir uns festgelegt haben.“ (Kast, Verena, Paare – Beziehungsphantasien oder wie Götter sich in Menschen spiegeln. Stuttgart 1984, zitiert nach: Jaeggi, Hollstein, 17,18)

Liebe als Herausforderung

In Paartherapien frage ich die Menschen manchmal, was sich in den nächsten ein, zwei, drei Jahren für sie in ihrem Leben ändern sollte. Dann ergibt sich beispielsweise folgender Dialog:

Wie wären Sie gern als Person anders? – Ich wäre gern toleranter, gelassener, geduldiger oder auch engagierter. Ich möchte keine graue Maus mehr sein. Ich möchte aktiver werden im Leben, nicht mehr so ängstlich und passiv.

Welche Fähigkeiten würden Sie gern mehr kultivieren? – Ich wünsche mir mehr Durchsetzungsfähigkeit im Job, würde gern lernen Klavier zu spielen, ich möchte einen Computerkurs machen, damit ich mit dem Ding endlich richtig umgehen kann, ich möchte gerne mal ein Kinderbuch schreiben, ich möchte gerne wieder Sport machen, wie ich es früher getan habe.

Und wie sollte sich Ihre Partnerschaft ändern? – Ich wünsche mir mehr Zuneigung in unserer Partnerschaft, vor allem wünsche ich mir ein Kind, ich möchte auch, dass wir mehr miteinander machen, also wieder mal ins Kino gehen, ein Theater besuchen, uns mit Freunden treffen.

Die meisten Menschen wissen sehr genau, wie und wohin sie sich ändern wollen, wie sie mehr aus ihrem Leben machen wollen. Es muss nicht immer die Segelreise um die Welt sein oder das große Haus mit schönem Garten in ruhiger und zentraler Lage. Aber wer überhaupt keine Ziele mehr hat, der hat sich ein Stück aufgegeben, der hat sich zum Teil vom Leben verabschiedet oder der ist depressiv. Wir Menschen wollen im Leben etwas erreichen und das nicht nur in den äußerlichen Dingen, wie Haus, Segelboot, Geld oder Karriere. Wir wollen uns auch als Personen weiterentwickeln, die jeweils nächsten Entwicklungsaufgaben meistern. Und dazu brauchen wir andere Menschen, brauchen wir Beziehungen. Die wichtigsten aller Beziehungen eines Menschen im Erwachsenenalter sind seine Liebesbeziehungen und die Beziehungen zu seinen Kindern. Natürlich ist die Beziehung zu den Eltern auch noch wichtig, aber nicht mehr so wichtig wie sie einmal war. Wir haben uns aus der engen Elternbeziehung gelöst, haben eine intime Liebesbeziehung aufgebaut und sorgen vielleicht für unsere Kinder.

Eine solche Weiterentwicklung ist keine selbst gewählte Schönheitskur, ohne die man zur Not auch weiterleben kann. Sie entsteht nicht aus freier Wahl. Der heute schwierigste Reifungsschritt, der zugleich eine erhebliche Krise in sich trägt, ist der Übergang von der Partnerschaft zur Elternschaft. Zwei aufeinander bezogene Partner müssen lernen, ein bedürftiges und abhängiges Kind zu versorgen und dabei ihre Paarbeziehung nicht zu verlieren. Und wenn ein weiteres Kind geboren wird, dann ist es die Aufgabe des Vaters, sich um das Erstgeborene zu kümmern, damit die Mutter sich ausgiebig um das Neugeborene sorgen kann. Ein weiterer schwieriger Übergang – nur mit umgekehrtem Vorzeichen – ist der von der Elternschaft zur Partnerschaft, wenn also die Kinder aus dem Haus gehen. Dies ist insbesondere bei Stieffamilien eine besondere Herausforderung, denn bis dahin war das Paar noch nie miteinander allein. Solche Herausforderungen und Aufgaben sind immer mit Konflikten verbunden und sie sind ein Teil der normalen menschlichen Entwicklung. Man spricht heute von so genannten normativen Krisen der Entwicklung als normalen Krisen. Wer sie meistert, löst Konflikte, findet eigene Lösungen und wird damit reifer. Zugleich werden damit auch seine Beziehungen reifer und stabiler, und wer diese Aufgaben nicht meistert, entwickelt sich nicht weiter, bekommt zu den vorhandenen noch weitere Probleme hinzu und ist damit für die Bewältigung der nächsten anstehenden Entwicklungsaufgaben schlecht vorbereitet.

Wenn wir einen Partner oder eine Partnerin suchen, dann suchen wir nicht nur jemanden, der uns bestätigt als Mann oder Frau, der uns attraktiv findet, dessen Lebensstil wir schön finden oder dessen Ausstrahlung wir mögen. Wir suchen vor allem jemanden, der uns zweierlei bietet: eine sichere Basis in einer Liebesbeziehung und eine Herausforderung für unsere weiteren Entwicklungen. Jemand, der uns die größte Wahrscheinlichkeit bietet, sowohl die anstehenden normativen Entwicklungsaufgaben und Krisen zu meistern, als auch mögliche alte, ungelöste Konflikte des Lebens lösen zu können oder gar alte Wunden heilen zu können. Das sind hohe Ansprüche und man versteht, was die Liebe so kompliziert macht: Wir wollen auf der einen Seite geliebt, bestätigt, wertgeschätzt, verstanden und anerkannt werden und auf der anderen Seite wollen wir herausgefordert, zu Entwicklungen und Lösungen angespornt oder zum Erreichen bestimmter Ziele ermuntert werden. Insofern hat die Liebe etwas Paradoxes, etwas von Ruhe und Unruhe, von Bestätigung und Veränderung, von Sicherheit und Angst! Diese Spannungen sind der Liebe innewohnend, sie schaffen Reibungen und Konflikte, erzeugen weitere Ängste und bereiten Unruhe.

Ein Partner, der uns immer nur bestätigt, von morgens bis abends mit seiner Liebe einlullt, wird auf die Dauer langweilig. Und ein Partner, der immer nur herausfordert, kritisiert, seine Unzufriedenheit zeigt, der uns beständig das Gefühl gibt, nicht zu genügen, der ist ebenfalls auf Dauer schwer zu ertragen, auch wenn er mit dem, was er fordert und kritisiert, noch so richtig liegen mag. In einer Liebesbeziehung brauchen wir beides, eine ehrliche und offene Liebe, ein grundlegendes Verstandenwerden, und wir brauchen auf dieser Basis die Unterstützung darin, uns weiterzuentwickeln, den persönlichen, beruflichen und sozialen Herausforderungen des Lebens zu begegnen.

Zugleich ist diese Begegnung zwischen zwei Menschen kein einmaliges Ereignis, steht die Welt nicht still, obwohl viele Verliebte meinen, dass es genau so wäre. Wir begegnen uns sozusagen auf der Fahrt, es sind zwei Menschen, die in ihrem Leben unterwegs sind und die sich beim Verlieben fragen, ob sie nicht ein Stück des Weges gemeinsam gehen wollen, weil sie glauben, die gleichen Ziele zu haben. Und dann gehen sie ein Stück des Lebensweges miteinander und stellen fest, dass es angenehm und herausfordernd ist, dass man mit dem anderen seinen eigenen Zielen besser und schneller näher kommt, dass man noch ganz andere Ziele ansteuern kann, die man bislang gar nicht für möglich hielt, und dann fragen sie sich gegenseitig, ob sie nicht noch ein Stück weiter miteinander den Weg gehen können, bis sie sich schließlich gegenseitig fragen, ob sie nicht dauerhaft eine Fahrgemeinschaft bilden wollen. Wenn die letzten hunderte Kilometer so gut geklappt haben, man noch nie so schnell und angenehm unterwegs war, dann könnte man doch zusammenbleiben. Wer weiß, ob sich jemals noch ein Mensch in diesem Leben findet, mit dem man so gut vorankommt.

Aber wenn man gemeinsam unterwegs ist, dann besteht immer die Gefahr, dass einer der beiden Partner sich schneller entwickelt als der andere, dass man sich gegenseitig über-

oder unterfordert, dass man sich zu sehr idealisiert oder zu wenig. Der Glaube an die Fähigkeiten des anderen sollte nicht unrealistisch sein. Wer einen vollkommen unmusikalischen Partner hat ,sollte nicht glauben, aus ihm noch einen Klaviervirtuosen machen zu können. Aber wenn der unmusikalische Partner für sich das Ziel hat, es in diesem Leben zu schaffen, ein Instrument so spielen zu können, dass er die Töne herausbekommt, die er spielen möchte, dann kann man ihn in diesem Ziel unterstützen. Der wichtige Unterschied zwischen Pygmalion und Michelangelo besteht darin, dass der erste die eigenen Maßstäbe anlegt, während der zweite die Potentiale im anderen sieht. Nach Michelangelo zu handeln bedeutet, den Partner auf der Basis eines liebevollen Vertrauens darin zu unterstützen, seine eigenen Ziele anzupacken und stückweise zu verwirklichen. In diesem Umstand ist zugleich eine Erklärung dafür enthalten, warum Menschen sich trennen: wenn und weil sie das Gefühl haben, ihre eigene Entwicklung nicht nur ohne den anderen, sondern gegen ihn machen zu müssen.

Von Inselforschern und Inselbewohnern

Der Paar-Psychologe Jürg Willi hat die Herausforderungen zur Entwicklung in den Phasen der Liebesbeziehung hervorragend analysiert und beschrieben (vergl. Willi, Jürg, Die Psychologie der Liebe. Klett-Cotta 2002). In der Phase der Liebessehnsucht geht es darum, die eigene Liebesbedürftigkeit anzuerkennen und sich dabei der Angst zu stellen, mit seinen Bedürfnissen nach Liebe abhängig zu sein. Mit der Partnerwahl hofft man, einen Menschen zu finden, mit dem man in Zukunft alles anders machen kann, die Welt aus den Angeln heben kann, beweisen kann, was in einem steckt. Die Angst besteht hier darin, das alles nicht zu schaffen, zu versagen, den falschen Partner zu haben.

In der Phase des Sich-Verliebens steckt die Möglichkeit, sich den Herausforderungen des Lebens zu stellen, eine ernsthafte und verbindliche Liebesbeziehung einzugehen und damit seine eigenen Lebensziele anzugehen. Und zugleich entsteht die Angst, dieses ehrgeizige Programm nicht zu schaffen, den Prozess nicht steuern zu können oder sich in dem Partner zu verlieren. Hier besteht vor allem die Gefahr, die entstehenden Probleme dem anderen anzulasten oder die Beziehung als nicht stabil und belastbar genug anzusehen. Es ist der schwierige Übergang von der Verliebtheit und Idealisierung des Partners zu einer realistischen Sicht der Paarbeziehung, die auch die eigenen Unzulänglichkeiten berücksichtigt. Die Paradieserwartungen der Partner werden zwangsläufig enttäuscht, denn sie sind menschlich. Dies ist der Schnittpunkt von der verliebten zur gelebten Liebe. Und dieser durchaus schmerzliche Prozess des Übergangs ist mit Liebesenttäuschungen verbunden. Dann fallen Sätze wie: „Du liebst mich nicht wirklich!" – „So hatte ich mir das nicht vorgestellt!" Und es ist die letztendliche Erkenntnis der Einsamkeit auch in der Zweisamkeit und damit das Ende aller Verschmelzungswünsche und -sehnsüchte. Solche Paare fragen sich, wo die Liebe geblieben ist. Was sie aber eigentlich meinen, ist die Frage: Wo ist die Verliebtheit geblieben? Sie ist vorbei, nicht für immer und ewig, denn auch in der Liebesbeziehung gibt es immer wieder Phasen der Verliebtheit, aber dieses einmalige, frühe, berauschende Gefühl der frischen Verliebtheit ist perdu.

Das Verschwinden der Verliebtheit hat mehrere Seiten. Zum Einen lernen wir einen Menschen immer besser kennen und auf diese Weise verdrängt die konkret erfahrbare Realität langsam die Möglichkeit, die verliebten Idealisierungen aufrechtzuerhalten. Wir lieben dann immer mehr den konkreten Menschen mit all seinen Macken, Fehlern und Menschlichkeiten und nicht mehr nur unser schönes und idealisiertes Bild von ihm. An diesen Änderungen vom Ideal zur Realität haben aber auch die beiden Partner selbst ein ernsthaftes Interesse. Idealisierungen sind am Anfang einer Liebesbeziehung angenehm und betörend, aber zu einem späteren Zeitpunkt werden sie fragwürdig. Dann fühlen sich die Partner nicht mehr so gesehen, wie sie wirklich sind, und fragen sich, ob der andere mehr in das idealisierte Bild verliebt ist als in die konkrete Person.

Damit ist ein Schwinden der Idealisierung als Basis der Verliebtheit nicht nur auf die Realität des besseren Kennens zurückzuführen, sondern liegt auch im Eigeninteresse der beiden Partner, als wirkliche Menschen mit realen Themen gesehen zu werden. Vor dieser Einkehr der Realität besteht eine große Angst bei beiden Partnern: Wird er mich noch genauso lieben, wenn er mich erst wirklich kennen gelernt hat? Wird er meine Macken ertragen? Wird er nicht fürchterlich enttäuscht sein und sich einer anderen Frau zuwenden, wenn er diese dunkle Seite erlebt hat? Solche Fragen sind quälend, führen zu Komplikationen, weiteren Versteckspielen, Schauspielereien oder tragischen Verläufen. Das langsame sich Öffnen und Zeigen gegenüber dem geliebten Partner ist auf doppelte Weise mit Angst behaftet: Wird er mich noch lieben und werde ich ihn noch lieben?

Verliebtsein hat viel mit dem Reiz der Entdeckung des anderen Menschen zu tun, als ob wir eine fremde Insel betreten. Wir atmen die Düfte der Blüten ein, wir erkunden ihr Inneres, wir entdecken Berge und Höhlen, wir schreiten sie Stück für Stück ab, wir lernen sie in ihren entferntesten Winkeln kennen, wir entdecken versteckte Bäche und Sträucher, wir erreichen Anhöhen und schreiten durch Täler, wir erleben ihre Fauna und Flora und wir erkennen die Wechsel von Licht und Schatten während der Tage und Nächte. Aber irgendwann kennen wir die Insel und die Insel kennt uns. Wir können uns dann entweder aufmachen zu einer anderen Insel, weil wir gern Inselforscher bleiben wollen, nie sesshaft werden wollen, weil es möglicherweise eine immer noch schönere und romantischere Insel geben könnte. Oder wir lassen uns auf dieser Insel nieder, werden sesshaft, bauen ein Haus, bekommen Kinder und bleiben dort aus einem einfachen Grund: weil die Insel nun einmal schön ist, und weil sie alles hat, was man zum Leben braucht.

Irgendwann kommen auch die Menschen mit der größten Verliebtheit in der Realität an. Man kann ja auch nicht immer nur lachen und zusammen sein, das wird auf die Dauer auch sehr anstrengend. Und es kann auch nicht immer nur harmonisch zugehen. Schon der erste richtige Streit wirkt manchmal wie das Ende aller Liebe. Dann wird viel geweint und die Menschen müssen sich stundenlang versichern, dass es alles nicht so gemeint war und man sich trotzdem weiterhin lieben wird.

Verliebte müssen auch erkennen, dass die Liebesbeziehung nicht alles sein kann im Leben und dass es noch andere wichtige und bedeutsame Beziehungen gibt. Dabei entsteht natürlich erst mal Eifersucht als die unausgesprochene Frage an den Partner, ob man weiterhin die Nummer 1 ist und bleibt. So wie die Verliebten sich in den letzten Wochen und Monaten nur gegenseitig gesehen haben und kein Auge für einen anderen Menschen hatten, so müssen sie nun schmerzlich erkennen, dass diese Fixierung und Verschmelzung ein vorläufiges Ende hat, dass man wieder arbeiten gehen muss, dass es noch gute Freundinnen und Freunde gibt, dass die Familie auch ein Recht darauf hat, das verloren geglaubte Kind mal wieder zu sehen, dass Verpflichtungen anstehen, die nicht mehr aufgeschoben werden können. Es entsteht eine neuartige Distanz zwischen den Verliebten, die sie so noch nicht erlebt haben und die für sie ebenfalls beängstigend ist.

Der erste Streit, die erste Distanzierung, die erste Nacht ohne den anderen, die ersten Fehler im bislang makellosen Bild des Partners, alle diese untrüglichen Zeichen der Wirklichkeit auf der frischen Verliebtheit sind manchmal schmerzlich und können zu tiefen Enttäuschungen und Ängsten führen. Insbesondere Partner, die das alles schon einmal oder gar mehrfach hinter sich haben, werden zusätzlich an die alten Schmerzen erinnert, fühlen sich mal wieder aller Illusionen beraubt (Es hatte doch so schön angefangen) und manchmal brechen sie zu diesem Zeitpunkt lieber das ganze

Projekt ab, weil sie die Angst vor der Enttäuschung und dem neuerlichen Verlassenwerden nicht bewältigen können.

Durch dieses Nadelöhr von der verliebten zur gelebten Liebe müssen die Liebenden durch, weil sie reale Menschen in einer realen Welt mit realen Ängsten und Anforderungen sind. Diese Metamorphose ist notwendig, auch wenn sich dies für Verliebte sadistisch anhören mag. Wenn die Partner diesen Übergang nicht schaffen und damit nicht wirklich in der Realität ankommen, dann kreisen sie in Zukunft um sich selbst und versuchen stets aufs Neue, den alten Zustand der Verliebtheit wieder herzustellen.

Zugleich stellt dieser Übergang auch eine Herausforderung für die einzelnen Partner und die Paarbeziehung dar. Es geht darum, von der Verschmelzung und Symbiose wieder zur individuellen Autonomie zu gelangen und sich von dieser Basis aus wieder auf neue Weise anzunähern. Dies geschieht vornehmlich im Austausch von Gedanken und Gefühlen, Wünschen und Hoffnungen, der Erfahrung gemeinsamer Erlebnisse oder dem Schmieden von Zukunftsplänen. Auch der alltägliche Austausch über Erlebnisse im Job, Besuche von Freunden, die Probleme der lieben Verwandten oder die Frage des nächsten Urlaubs gehören dazu.

So entsteht etwas Drittes zwischen den beiden Partnern, denn eine Partnerschaft besteht nicht nur aus zwei Menschen, sondern aus zwei Individuen plus einer Paarbeziehung. Dieses Dritte, diese Paarbeziehung, entsteht aus gemeinsamen Erfahrungen, Wünschen, Hoffnungen, Zukunftsplänen, aber auch bewältigten Problemen und gelösten Konflikten. Je länger die beiden Partner zusammen sind, desto größer wird dieses Dritte, das nicht nur bewusste, sondern auch unbewusste Anteile enthält und ein durchaus dynamisches Eigenleben führt. Es enthält dann auch ein beruhigendes Wissen darüber, es schon mal geschafft zu haben, Krisen nicht nur überlebt, sondern aus ihnen auch gelernt zu haben, und damit den nächsten Entwicklungsaufgaben nicht schutzlos ausgeliefert zu sein. Dann sprechen die Paare davon, dass sie eine erprobte Kampfgemeinschaft oder ein eingespieltes Team sind und dass sie an einem Strang ziehen. Damit zeigen sie, dass sie sich mitten in den Stürmen des Lebens befinden. Das ist gelebte Liebe!

Aber manchmal schaffen es die Paare trotz größter Anstrengungen nicht, die anstehenden Entwicklungen und Herausforderungen miteinander zu bewältigen, sondern arbeiten gegeneinander, sie verlieren sich aus den Augen, kommen vom Weg ab, sind in Machtkämpfe verstrickt oder blockieren sich gegenseitig. Dann trennen sie sich und versuchen es mit einem anderen Partner. Aber in solchen Krisen kann eine Paarberatung oder -therapie auch durchaus hilfreich sein, wenn beide ausreichend Motivation haben, am Erhalt ihrer Paarbeziehung zu arbeiten und dafür Hilfe in Anspruch zu nehmen.

Durch eine erfolgreiche Paartherapie sind keineswegs alle Probleme und Konflikte beseitigt und die Partner kehren auch nicht zurück in eine erste Verliebtheit. Aber die Konflikte werden nicht mehr so grundsätzlich ausgetragen, die beteiligten Gefühle pendeln nicht mehr zwischen heftiger Wut, tiefster Verzweiflung oder großer Einsamkeit und es geht nicht immer gleich um die Trennung oder zumindest die Androhung einer Trennung. Eine Klientin drückte es so aus: „Wie streiten uns immer noch, aber es ist nicht mehr so heftig, wir sind danach auch nicht mehr so fertig. Wir können uns mittlerweile ganz gut hinsetzen und miteinander reden, so wie wir es in der Paartherapie gelernt haben, und manchmal schaffen wir es mittlerweile sogar, uns zu verständigen, bevor die Konflikte richtig hochkochen. Aber das sind dann die Sternstunden." Wie man sieht, gibt es also auch im Alltag der Liebe noch Sternstunden. Sie sind nicht die gleichen wie in der Verliebtheit, aber sie machen durchaus glücklich, allerdings auf eine andere Art.

11. Neu Starten

Neue Liebe und neues Glück

„Das älteste Ehepaar Europas hat in Argenton-sur-Creuse (Frankreich) seinen 81. Hochzeitstag gefeiert. Marguerite (100) und André Debry (107), ein ehemaliger Mathematiklehrer, hatten 1924 geheiratet. Das Geheimnis ihrer Liebe? „Respekt, den gleichen Geschmack, keinen Streit." (Hamburger Abendblatt, 13./14. August 2005, Seite 30) Psychologisch kann man diesem Geheimnis einer lebenslangen Liebe nur beschränkt zustimmen. Respekt zwischen Menschen ist immer gut, über Geschmack lässt sich Immanuel Kant zufolge eben nicht streiten, denn da hat nun mal jeder seinen eigenen, und Streit halten wir Psychologen für absolut notwendig zum Ausgleich unterschiedlicher Interessen und zur Konfliktregulation. Aber was sollen sich Psychologen einmischen, wenn die Menschen glücklich sind und es für dieses Paar anscheinend so wunderbar funktioniert hat?

Lieber allein und jung bleiben als gemeinsam alt werden

Es ist immer noch eine *der* romantischen Wunschvorstellungen, gemeinsam mit dem Partner alt zu werden – auch wenn es mittlerweile viele gibt, die lieber alleine und jung bleiben als gemeinsam alt werden möchten. Ehe und Partnerschaft haben wissenschaftlichen Untersuchungen (vergl. Bierhoff, Rohmann, 257, 258) zufolge eindeutige Auswirkungen auf die Gesundheit: Verheiratete Männer sind weniger krank als unverheiratete. Für die Frauen gilt allerdings das Gegenteil: Die verheirateten Frauen sind häufiger krank als die unverheirateten. Frauen, die sich von ihren Partnern trennen, haben wiederum eine schlechtere Immunfunktion als verheiratete Frauen. Damit rangieren in der Gesundheit die unverheirateten Frauen vor den verheirateten und den sich trennenden. Was also soll eine verheiratete Frau machen, die neidisch auf die offensichtliche Gesundheit ihrer unverheirateten Freundin ist? Wenn sie sich trennt, geht es ihr anscheinend noch schlechter. Sie hätte ihrer Gesundheit zuliebe anscheinend gar nicht heiraten sollen. Und damit ist ein Teil der Liebeslogik der modernen Frau scheinbar erklärt.

Noch schlimmer wird es für die Frauen, wenn man den Vergleich mit den Männern anstellt. Demnach geht es unverheirateten Frauen und verheirateten Männern gesundheitlich besser, während es verheirateten Frauen und unverheirateten Männern schlechter geht. Auch hier stellt sich also wieder die Frage: Sollten Frauen am besten gar nicht erst heiraten? Denn die Ehe scheint eher der Gesundheit der verheirateten Männer gut zu tun.

Besser zu verstehen sind diese Daten, wenn man die Frage einbezieht, ob die verheirateten Partner glücklich oder unglücklich sind. Die Ehe ist nämlich nur dann für die Frau ein wahres Gesundheitsrisiko, wenn sie darin unglücklich ist, denn Unglück gilt als Krankheitsrisiko. Eine glückliche Partnerschaft stärkt das Immunsystem, eine unglückliche schwächt es. Insofern besteht die beste Möglichkeit für unglücklich verheiratete Frauen ihre Gesundheit zu wahren darin, entweder wieder möglichst schnell und umfassend glücklich zu werden oder sich von ihren Ehemännern zu trennen. So einfach scheint es zu sein, wenn man der so genannten empirischen Forschung vertraut. Psychologisch wirft diese einfache Antwort allerdings wieder einmal weitere Fragen auf, allen voran die, wie es dazu kommt, dass eine Person sich als glücklich oder unglücklich in der Paarbeziehung definiert. Glück ist eine zutiefst subjektive Angelegenheit.

Der Weg in die Trennung

Man ist nie nur glücklich oder unglücklich, zusammen oder getrennt, zufrieden oder unzufrieden. Es gibt glückliche Momente in einer Partnerschaft und am nächsten Tag wieder unglückliche. Wir fühlen uns in Momenten dem Partner sehr nah und im nächsten wieder sehr entfernt und unsere Zufriedenheit in der Partnerschaft ist meist eine mittlere: Mal ist sie gut, mal schlecht, mal sehr gut und mal miserabel.

Diese Stimmungsschwankungen und wechselnden Einstellungen machen sich als Ambivalenzen bemerkbar. Wir sind beinahe zu jedem Zeitpunkt ambivalent im Hinblick auf unsere Paarbeziehung, denn es gibt immer gute und schlechte Seiten, wunderschöne und hässliche, liebevolle und lieblose an der eigenen Person, am Partner und auch an der Paarbeziehung. Solche Ambivalenzen sind normal und sie bestimmen den Alltag jeder Paarbeziehung. Dies ist wesentlich, um zu verstehen, dass eine partnerschaftliche Trennung kein einmaliges traumatisches Ereignis ist, sondern in einem alltäglichen Prozess entsteht, der viel mit Ambivalenzen zu tun hat. Eine Paarbeziehung ist selten eindeutig, sondern meist ambivalent und eine Trennung löst nicht alle Probleme, sondern nur manche, und bringt wiederum neue hervor. Was macht dann den Unterschied zwischen einer ambivalenten Paarbeziehung und einer ambivalenten Trennung aus? Das Ergebnis der Bilanzierung, also das, was unter dem Strich bei einer Bilanzierung der guten und schlechten Seiten einer Paarbeziehung herauskommt.

Dies ist aber im Wesentlichen kein quantitativer Prozess, bei dem durch wenige Tropfen ein Fass zum Überlaufen gebracht wird. Wenn es sich um Kleinigkeiten handelt, müssen sich schon eine ganze Menge von ihnen anhäufen, um bedeutsam zu werden. Wichtig sind die persönlichen Empfindlichkeiten, also diejenigen Aspekte der Partnerschaft, die für eine Person besonders wichtig sind. Zum Beispiel erlebe ich es oft, dass Frauen sagen, sie brauchten wieder das Gefühl, zusammen mit ihrem Mann an einem Strang zu ziehen. Der Mann ist ganz ihrer Meinung und weiß mal wieder nicht, worüber sie sich aufregt. Dieses Gefühl entsteht bei ihr dann, wenn er mal wieder ohne Aufforderung (!) den Wäschekorb nach oben trägt oder den Müll mit nach draußen nimmt. Es sind banale Alltagshandlungen, die einen hohen symbolischen Wert für eine Person haben und sich in ihrer Bedeutung nur darüber erschließen (siehe oben – Symbolische Alltagshandlungen). In einer recht frühen Phase der Paarbeziehung wissen beide noch nicht so viel um ihre persönlichen Empfindlichkeiten und manchmal geben sie sich auch gar nicht die Gelegenheit dazu, wenn sie die Trennung schon nach wenigen Jahren einleiten. Aber wer diese bedeutsamen Punkte beim anderen nicht kennt, der kann danach fragen, und wer sie bei sich selbst nicht kennt, der kann darüber nachdenken oder seinen Partner fragen. Insofern haben diese Konflikte auch immer etwas mit der Kommunikation zu tun.

Sind diese banalen Alltagskonflikte also nur die Auslöser für einen wiederholten Streit, der dann in der Trennung endet, oder sind diese Konflikte selbst sehr ernst zu nehmen, weil der andere ihnen eine sehr persönliche Bedeutung gibt? Beides! Und deshalb sollten diese Konflikte, vor allem die immer wiederkehrenden, ernst genommen werden. Wenn eine Frau sagt: Er ist wieder mal zu spät gekommen, obwohl er wusste, dass mir der Termin wichtig war, er hat es wieder einmal vorgezogen, mit seinen Freunden wegzugehen, obwohl ich mit ihm ins Theater wollte, er hat mich wieder einmal angelogen und ist mit dieser Frau losgezogen, obwohl wir am Tag davor darüber gesprochen hatten, dann sagt sie mit alldem: Ich bedeute ihm nichts mehr, andere Menschen und Aktivitäten sind ihm wichtiger als ich und vielleicht beginnt er mit dieser Frau etwas, was er nicht mal merkt und dann nicht mehr kontrollieren kann. Solche Alltagshandlungen beziehen sich zwar nur auf den Müll, den Wäschekorb, die Verabredungen oder einen Sporttermin, aber sie werden in ihrer Bedeutung auf die eigene Person bezogen. Dann werden sie im Zweifelsfall gegen sich selbst ausgelegt, vielleicht sogar als neuerlicher Beweis einer mangelhaften Liebe. Und wenn dieser Gedanke sich erst einmal festgesetzt hat, dann findet eine innere Umdeutung statt.

Natürlich sind dabei Menschen mit einem stabilen Selbstbewusstsein besser geschützt, dann sehen ihre inneren Monologe anders aus: Wenn er den Wäschekorb nicht runterträgt, dann ist er eben faul, wenn er zu spät kommt, ist er schlampig und schlecht organisiert und wenn er mich nicht genug beachtet, dann hat er anscheinend ein Problem mit schönen Frauen. Solch ein Selbstbewusstsein wirkt manchmal wie eine Immunabwehr, sie schützt, bewahrt vor allzu großen Selbstzweifeln und hält gesund. Aber in Paarbeziehungen haben viele Handlungen eine besondere Bedeutung für die Beziehung, die man auch ernst nehmen muss. Dann zeigen sich Partner durch ihre Handlungen und Nichthandlungen, wie sehr sie sich lieben, aber auch, wie sehr sie sich nerven. Man kann ohne Worte viel mitteilen und in seinen Handlungen auch Aggressionen zeigen. Sensible Partner nehmen das ernst und dann kann ein starkes Selbstbewusstsein davor schützen, zu stark zu leiden und helfen, besser damit umgehen zu können. Aber keiner sollte solche Handlungen seines Partners ignorieren. Diese Handlungen haben ihre Bedeutung, sie sollen etwas zum Ausdruck bringen und ein gesundes Selbstbewusstsein hilft, auf andere Weise damit umgehen zu können. Und manchmal wird das alles eben ganz kompliziert, weil auch die Reaktionen auf den anderen ambivalent sein können: Habe ich jetzt überreagiert, weil heute mein Selbstbewusstsein im Keller ist, oder war meine Reaktion richtig und angemessen? Dann zeigt sich wieder einmal die alte Regel: Wer sich selber liebt, kann auch andere besser lieben.

Das Chaos der Gefühle

Der Weg in die Trennung ist gepflastert mit inneren Ambivalenzen. Doch es ist noch viel komplizierter, denn eine Paarbeziehung besteht nicht allein aus zwei ambivalenten Individuen. Auch zwischen den Partnern können die beiden Seiten einer Ambivalenz aufgeteilt sein. So kann ein Partner eher für eine Trennung sein und der andere dagegen. Ich habe einmal eine Therapie durchgeführt mit einem Paar, das sehr gläubig war und sich daher sehr schwer damit getan hat, sich überhaupt den Gedanken an eine Trennung zu gestatten. Sie hatten schon zwei erwachsene Kinder und als ich die beiden eines Tages zu einem Gespräch empfangen habe, sagten sie über ihre Eltern: „Wir sind dieses ewige Hin und Her mittlerweile leid, das geht schon seit eineinhalb Jahren so. Die machen sich damit richtig fertig. Uns ist es schon fast egal, wie sie sich entscheiden, Hauptsache sie entscheiden sich mal endlich, damit diese quälende Hängepartie aufhört." Innerhalb der Paartherapie passierte etwas Wundersames. Wenn der Ehemann für eine Trennung war, dann zählte die Ehefrau alle guten Gründe dagegen auf, wenn sie sich für eine Trennung aussprach, entdeckte er seine alte Liebe für sie. Als ich eines Tages eine kleine Zwischenbilanz zog und dabei alle Gründe für ein weiteres Zusammenbleiben aufzählte, beschlossen sie zum ersten Mal einvernehmlich, sich zu trennen. Damit hatte sich die Ambivalenz zwischen beiden Partnern dadurch verändert, dass ich als Dritter hinzukam, und sie konnten sich einigen. Das nennt man dann vielleicht einen systemischen Tanz mit den Ambivalenzen.

Das Quälende an den Ambivalenzen besteht zumeist darin, dass sich ihre beiden Pole immer wieder gegenseitig aufheben. Im Extremfall werden solche Menschen handlungsunfähig: Sobald sie das eine wollen, meldet die andere Seite ihre Bedenken an. Die Geschichte „Buridans Esel" von Günther de Bruyn handelt von einer solchen massiven Ambivalenz eines Mannes zwischen zwei Frauen, der Ehefrau und der Geliebten. Der Titel des Buches geht zurück auf einen Esel, der zwischen zwei Heuhaufen verhungerte, weil er sich zwischen beiden nicht entscheiden konnte.

Das größte Problem der Ambivalenzen ist der Umstand, dass ihre beiden Pole mit Gefühlen besetzt sind. Ärger, Enttäuschung, Zukunftsängste, Freude, Wut, Liebe, Hoffnung, Hass, Verlassenheitsängste und Sicherheitsbedürfnisse neutralisieren und kontrollieren sich gegenseitig, solange sie innerhalb einer liebesvollen Partnerschaft gelebt werden. Aber wenn die Trennung droht oder gar eintritt, dann stürzen alle diese Gefühle die betroffene Person in ein Chaos, das kaum beherrschbar erscheint. Dann fordert jedes Gefühl sein eigenes Existenzrecht. Dann will die Wut ausgelebt werden und dann müssen seine Hemden zerrissen werden. Dann bringen schöne Erinnerungen beim Ansehen alter Urlaubsfotos eine längst verloren geglaubte Liebe kurz und heftig wieder hoch und dann erschüttern Ängste vor dem Alleinsein und der ungewissen Zukunft jeden Rest von Selbstvertrauen. Dann schwanken die Betroffenen zwischen Selbstanklage und Vernichtungsphantasien gegenüber dem ehemals geliebten Partner. Dann wollen sie am liebsten alle Hässlichkeiten der letzten Tage ungeschehen machen und sich ewige Liebe versprechen und im nächsten Moment den anderen auf immer zum Teufel wünschen. Solche Gefühle sind kaum auszuhalten und viele Männer betrinken sich systematisch, um dies alles nicht mehr spüren zu müssen, und viele Frauen machen das Gleiche mit Tabletten.

Eine Trennung kann sich nicht nur zu einer tiefen persönlichen Krise entwickeln, sondern gar zu einer Identitätskrise. Dies ist nicht verwunderlich, wenn man bedenkt, dass einer der wesentlichen Faktoren für das Gelingen einer Partnerschaft die Identifikation mit der Partnerschaft ist. Dies bedeutet, dass beide Partner ihr Selbst, ihre Persönlichkeit mit der Paarbeziehung verknüpfen. Die Paarbeziehung ist bei langjährigen Beziehungen, aber auch bei besonders bedeutsamen Beziehungen, zu einem Teil der eigenen Identität geworden. Aussage einer Klientin: „Ich bin wirklich froh, dass ich diesen Kerl endlich los bin, weil es nur noch Stress mit ihm gab und ich mich in letzter Zeit immer wieder gefragt habe, warum ich eigentlich jemals mit ihm zusammen war. Aber dass er mir mein Lebenskonzept kaputtgemacht hat, das ist das eigentliche Problem. Ich hatte mir immer eine Familie vorgestellt, in einem Haus mit großem Garten, beide Eltern arbeiten, machen drei Mal im Jahr Urlaub, ein Hund usw. und von dem allen muss ich mich jetzt verabschieden. Jetzt sitze ich in einer 3-Zimmer-Wohung in diesem schrecklichen Vorort, weil man hier die Mieten noch bezahlen kann. Das war alles auch ein heftiger sozialer Abstieg. Und das nehme ich meinem Mann übel."

Noch ein Wort zu den Kindern. Kinder leiden unter der Trennung ihrer Eltern, auch wenn sie selbst schon über zwanzig und aus dem Haus sind, aber sie leiden noch mehr unter einer hoch konflikthaften Beziehung (high conflict families) mit chronischem Stress und Streit, was für die Kinder nicht selten das Risiko der Vernachlässigung oder gar Misshandlung bedeutet. Das Wohl der Kinder nach Trennung und Scheidung ist im Wesentlichen von drei Faktoren abhängig: der sozialen und wirtschaftlichen Lebenssituation des allein erziehenden Elternteils, meist der Mutter, der Beziehung zwischen den leiblichen Eltern, insbesondere der Fähigkeit, noch halbwegs menschlich miteinander umzugehen und die alltäglichen Dinge zu regeln, und dem möglichst lebendigen und flexiblen Kontakt zum anderen Elternteil, mit dem das Kind nicht zusammenwohnt.

Von der Unzufriedenheit zur Suche nach Alternativen

Der sich trennende Partner ist persönlich glücklicher, hat manchmal auch schon Vorbereitungen getroffen und fühlt sich daher auch aktiv und zukunftsorientiert, während der verlassene Partner häufig viel Traurigkeit verspürt, da er oder sie sich nicht trennen will. Auf der anderen Seite hat der trennende Partner – quasi im Ausgleich für sein besseres Gefühl – ein schlechtes Gewissen oder gar massive Schuldgefühle. Dies ist insbesondere der Fall bei einer Liebesaffäre und wenn Kinder aus der Paarbeziehung hervorgegangen sind.

Wann ist der Punkt erreicht, an dem das Leiden ein Ende hat und eine Trennung vollzogen wird? Manchmal kommt er sehr schnell und laut, manchmal ganz langsam und leise. Immer geht einer solchen Trennung eine tiefe Unzufriedenheit voraus, die vielleicht mit dem Partner anfängt, dann die ganze Lebenssituation erreicht und schließlich auch vor der eigenen Person nicht mehr Halt macht. Manchmal genügt aber auch schon eine mittlere Unzufriedenheit und eine attraktive Alternative, um einen endgültigen Trennungsprozess einzuleiten. „Trennung ist dann wahrscheinlich, wenn die Zufriedenheit niedrig ist, die Investitionen gering sind und Alternativen zur Verfügung stehen, die eine hohe Qualität besitzen." (Bierhoff, Rohmann, 245) Wie wir gesehen haben, ist die Unzufriedenheit mit der Partnerschaft eine höchst subjektive Angelegenheit, aber auch die anderen beiden Faktoren sind höchst bedeutsam. Die Investitionen sind nur dann gering, wenn die Partnerschaft noch keine Dauer und Verbindlichkeit entwickelt hat, wenn also noch kein Haus gekauft, keine Schulden gemacht, keine Kinder gezeugt sind. Dies ist ein Grund dafür, dass so viele Ehen schon nach wenigen Jahren wieder in Trennung und Scheidung enden. Und zugleich ist dies die Zeit, in der noch Alternativen zur Verfügung stehen. Wir haben in Deutschland derzeit ein Erstheiratsalter von ca. 30 Jahren mit steigender Tendenz, d. h. die Menschen heiraten nicht nur weniger, sondern auch immer später. Wenn sie dann mit Mitte bis Ende 30 ihre ersten Ehen und schweren Enttäuschungen hinter sich haben, dann schwinden zumindest die Chancen auf attraktive Alternativen. Zudem wird es Zeit für diejenigen Frauen, die sich noch ein Kind in diesem Leben wünschen und dabei nicht die Hilfen der Reproduktionsmedizin in Anspruch nehmen möchten.

Bei der Suche nach attraktiven Alternativen spielt das Internet mittlerweile eine besondere Rolle, weil es die – realen oder scheinbaren – Alternativen frei ins Haus bringt, ohne dass man sich zu komplizierten Verabredungen aufmachen muss. Zudem hat das Internet einen Enthemmungsfaktor, der größere Intimität verspricht. Die Anonymität und Distanz zwischen den Menschen im Chatroom oder in der virtuellen Partnerbörse ermöglichen eine Selbsteröffnung, die in einer realen Begegnung nur möglich ist, wenn die Beziehung tief, vertrauensvoll und intim ist, und dies erreichen Menschen meist erst nach Jahren. Es ist vermeintlich der kurze und schnelle Weg zur Intimität. Aber verwechseln die solcherart kommunizierenden Menschen nicht mal wieder Sex mit Intimität? Natürlich sind sexuelle Anspielungen im Internet einfacher mitzuteilen, gerade weil sie von der betroffenen Person abstrahieren. Wer sich nicht oder nur über das Internet kennt, kann leichter sexuelle Avancen machen, weil der Raum der Phantasie noch grenzenlos ist und weil sich in diesem Raum alle Erregung und Leidenschaft einfinden kann, die in den Jahren zuvor so stark frustriert wurde. Wer sich aber erst mal kennt, der weiß, wie der andere ist, wie der Sex mit ihm oder ihr ist, was er oder sie bei diesen und jenen Fragen oder Anschuldigungen antwortet, wie er beleidigt ist und was ihre Lieblingslösung bei Konflikten ist. Der Alltag verengt wieder einmal den Raum der Phantasie und wirkt damit ernüchternd auf alle Illusionen und Idealisierungen.

Warum wirken solche Schmeicheleien und Avancen, obwohl sie über das Internet von einem fremden Menschen kommen? Weil die Menschen solche Dinge sehr lange nicht mehr gehört haben, weil sie ausgehungert sind nach Liebe, Zuwendung und Nähe, weil sie sich nach Gesprächen sehnen nach all den Monaten des Schweigens, weil sie sich mal wieder begehrt und leidenschaftlich fühlen wollen, nach all den Jahren der Routine. Und vor allem, weil schöne Lügen immer noch besser sind als hässliche Wahrheiten!

Von der Idealisierung zur Abwertung

So, wie in der Verliebtheit eine Idealisierung des Partners weit über dessen reales Maß hinaus stattfindet als innere Überbewertung, so wird derselbe Partner bei einer Trennung einer harten Abwertung ausgesetzt. Aus dem ehemaligen Ideal wird ein peinliches Missverständnis, aus der Überbewertung wird eine Abwertung. So falsch und realitätsfern das eine war, so ungerecht und falsch ist das andere.

Diese Neu- oder besser Umwertung bezieht sich aber nicht nur auf die einzelne Person des Partners mit all seinen Fehlern, Macken und sonstigen Unerträglichkeiten, sondern auch auf die gesamte Geschichte der Partnerschaft. War sie nicht von Anfang an ungleich, ungerecht, unvernünftig und unerträglich? Die Geschichte wird neu geschrieben. Und so, wie auf alten Fotos der Zeitgeschichte Personen wegretuschiert werden können, so werden die positiven Erlebnisse vergessen, die negativen hervorgehoben und eine andere Bilanz erstellt.

Auf der anderen Seite hat diese Sicht auch eine gewisse Berechtigung. Menschen entwickeln sich, verändern sich und sind nun mal nach Jahren nicht mehr die gleichen. Menschen können sich auch in Richtungen entwickeln, die vielleicht als Möglichkeiten vorhanden waren, die man zu einem früheren Zeitpunkt eher billigend in Kauf genommen hat, während sie später zu einem vorherrschenden Charakterzug geworden sind.

Die Statistik besagt, dass heute mehr als 80 Prozent der Trennungen und Scheidungen in Deutschland von den Frauen ausgehen und dass die Männer in der Mehrheit mit ihren Ehe zufrieden sind und bei ihren Frauen bleiben würden. Unzufriedene Frauen entwickeln manchmal die Vorstellung, nach der Trennung hätten sie eine ganze Reihe von Problemen weniger und manchmal sagen sie sogar: „Wir haben zwei Kinder, aber von meinem Gefühl her habe ich drei Kinder und keinen Mann. Dann kann ich mich auch gleich trennen und für die beiden Kinder sorgen!“ Die Vorstellungen der Frauen vom Leben als Single und die alltägliche Wirklichkeit der Singles liegen weit auseinander. Man hat die Frage untersucht, „inwieweit sich Singles, definiert als Partnerlose im mittleren Erwachsenenalter, tatsächlich in konkreten Merkmalen von Paaren unterscheiden ... Wenn, dann unterscheiden sich Singles von Paaren vor allem in solchen Merkmalen, die eng mit dem jeweiligen Beziehungsstatus verknüpft sind, wie einem weniger sicheren Bindungsstil, einem destruktiveren Konfliktlösestil und einem geringeren Wohlbefinden ... Darüber hinaus haben sie eher solche Persönlichkeitseigenschaften, die sich in engen Bindungen als schwierig erweisen könnten.“ (Küpper, Beate, Was unterscheidet Singles und Paare? In: Grau, Bierhoff, 79–110, hier 107–108) Die Frage bleibt offen, ob derartige Eigenschaften Ursache oder Folge des Single-Daseins sind.

Warum sind Trennungen eher in den seltenen Fällen eine einvernehmliche und gütliche Angelegenheit? Warum wird aus Liebe meistens Hass? Manchmal hat man sogar den Eindruck, dass der Hass, die Gemeinheiten, die Wut, die Rachgelüste umso größer sind, je größer einstmals die Liebe war. Liebe ist ein Bindemittel der Aggressionen. Wenn die Liebe schwindet, treten Aggressionen zutage, die zuvor in der Liebesbeziehung gebunden waren. Zudem werden durch eine Trennung neue Aggressionen aufgebaut: zum einen als Abwehr einer Trauer, zum anderen durch die beteiligten Kränkungen. Und wenn eine hohe Identifikation mit der Liebesbeziehung bestand, wenn sie also ein Teil der eigenen Identität war, wenn sich damit das eigene Lebenskonzept als fehlgeschlagen darstellt und wenn man der verlassene Partner ist, der die Trennung nicht will, wenn als letztes I-Tüpfelchen eine Liebesaffäre des Ex-Partners die eigene Kränkung ins Unermessliche steigen lässt, dann sind massive Aggressionen auch als ein Selbstschutz gegen den vermeintlichen Angreifer verständlich.

Besonders lustvoll ist manchmal die legale Rache über einen Anwalt: unterkühlt, strategisch, trickreich, geplant und gezielt verletzend. Ein besonders schönes Beispiel hierfür findet sich in dem Roman „Amanda herzlos" von Jurek Becker (1992). Dort schreibt der von seiner Frau verlassene Zeitungsredakteur Ludwig Weniger an seinen Scheidungsanwalt, um ihn mit Argumenten für den kommenden Scheidungsprozess auszustatten; ehrlich, offen und geradeheraus, wie Männer nun mal sind, schreibt er: „Es wäre am zweckmäßigsten, wenn ich Ihnen alles der Reihe nach erzählen würde, doch das ist leichter gesagt als getan. Seit ich Amanda kenne, ist etwas so Chaotisches in mein Leben getreten, dass ich nie zur Ruhe komme. Ich meine damit in erster Linie, dass wir keine Gewohnheiten hatten. Das sagt Ihnen jemand, der sich nach nichts so sehnt wie nach Gewohnheiten. Wir haben nie diese zuverlässige Wiederholung kleiner Vorgänge gekannt, die nur nach außen hin ermüdend wirkt, die es einem in Wirklichkeit aber erlaubt, sich zurückzulehnen und Atem zu schöpfen. Gewohnheiten sind wie ein Geländer, an dem man sich in Notlagen festhalten kann, das hat mir immer gefehlt. Es stand nie fest, um wieviel Uhr Frühstück gegessen wird. Jedesmal musste neu ausgehandelt werden, wer ein warmes Abendessen macht. Es gab keine Zuständigkeiten, außer der einen, dass ich morgens in die Redaktion musste und am Nachmittag abgekämpft nach Hause kam. Manchmal haben wir uns Abend für Abend mit Bekannten getroffen, dann wieder monatelang nicht. Manchmal haben wir Abend für Abend miteinander geschlafen, dann wieder wochenlang nicht. Wenn Sebastian krank war, war sie die fürsorglichste Mutter, dann plötzlich hat sie von mir verlangt, dass ich Urlaub nehmen und mich an sein Bett setzen soll. Ich hätte mich nie darüber beklagt, aber jetzt, da sie mich als einen hinstellt, mit dem das Leben unerträglich ist, muss ich all das ja nicht auch noch verschweigen." (Becker 1992, 9 ff.)

Altlasten

Wie wird man eine alte Beziehung innerlich los, um sich einer neuen zu öffnen? Für manche Partner erscheint dies besonders schwer, sie haben viel in die Beziehung investiert und sie wollten sich nicht trennen, weil sie den Partner noch lieben. Solche Menschen entwickeln manchmal ein besonderes Leiden. Das Trennungs-Kummer-Syndrom (Separation Distress Syndrome) umfasst „Symptome wie fortgesetzte Gedanken und Erinnerungen an den verlorenen Partner, einen starken Zwang, Kontakt zu ihm aufzunehmen, eine gesteigerte Sensibilität in Hinblick auf das, was auf die Rückkehr des Partners hinweisen könnte, sowie Schuldgefühle, Ruhelosigkeit und Ängste." (Bierhoff, Rohmann, 254, 255) In der depressiven Reaktion auf eine Trennung verbirgt sich viel Traurigkeit über den Verlust der Beziehung. Ein solches Betrauern ist die Voraussetzung für eine innerliche Ablösung von der alten Beziehung und dies ist wiederum Voraussetzung für viele

Menschen, insbesondere Frauen, sich überhaupt wieder auf eine neue Beziehung einlassen zu können.

Wer allerdings aus der Trauer nicht mehr herauskommt, braucht eventuell therapeutische Hilfe, denn diese tiefe und endlose Trauer kann zwei ernsthafte Gründe haben. Zum einen kann es im Leben vor der Partnerschaft schon verlustreiche Beziehungen gegeben haben. Damit verbinden sich alte, unverarbeitete Verlusterlebnisse mit neuen. Eine Trauer über frühere Verluste wird vielleicht zum ersten Mal gespürt und verbindet sich mit der neuen. Manchmal erinnern die Betroffenen die alten Verluste gar nicht, sondern merken sie nur an der übermächtigen und tiefen Trauer über den neuen Verlust. Eine andere Erklärung für solch eine massive Trauer steckt in dem, was die Beziehung einstmals so stark gemacht hat: der Identifikation mit der Paarbeziehung. Dann hat sich das Ich im Wir aufgelöst, dann war es zu einer Verschmelzung des eigenen Selbst mit der Paarbeziehung gekommen, die heute nicht mehr einfach aufgelöst werden kann.

Einer solchen depressiven und vergangenheitsorientierten Verarbeitung steht eine aktive und zukunftsorientierte gegenüber. Solche Expartner stürzen sich ins Leben, lassen keine Party mehr aus, verhalten sich wie Wüstenwanderer, die endlich die Oase erreicht haben. Sie legen sich ein neues Styling zu, besuchen den Fitnessclub, joggen täglich und fühlen sich dabei fast wieder so jung, wie sie gern noch einmal sein möchten. Beide Varianten der Verlustverarbeitung sind dann bedenklich, wenn sie extrem gelebt werden, wenn also nur noch Trauer und Rückblick herrschen oder wenn nur Aktivitäten im Sinne des schnellen Vergessens angestrebt werden. Frauen trauern meistens länger, gehen langsamer und vorsichtiger neue Beziehungen ein und leben auch dann weiterhin allein oder mit ihren Kindern, wenn sie einen neuen Partner haben; Männer dagegen binden sich häufig schnell wieder, ziehen auch mit einer neuen Partnerin wieder zusammen und geben sich sehr zukunftsorientiert.

Der schlimmste Fall nicht erfolgter Verarbeitung der Trennung und damit auch des Verlustes eines ehemals geliebten Menschen besteht allerdings darin, sich von einem Partner zu trennen, diesem die ganze Schuld für das Scheitern zu geben, die eigenen Anteile an der Krise und Trennung nicht zu erkennen und auch nicht zu reflektieren und sie damit unbearbeitet in die nächste Beziehung mitzunehmen. Die Wahrscheinlichkeit, dass sich die gleichen Probleme nur in anderer Form wieder einstellen, wie in der ersten Beziehung, ist relativ hoch. Trennung ist aus psychologischer Sicht nicht gut oder schlecht; es kommt darauf an, wie man sich trennt.

Neue Liebe und neues Glück

Trennungen gehören zum Leben und auch in Paarbeziehungen gehören sie zur Normalität. Das Versprechen einer lebenslangen Liebe ist Ausdruck eines tiefen Verbundenheitsgefühls, kann aber nicht mehr wörtlich verstanden werden, zumindest nicht statistisch. Eine Trennung gilt heute als kritisches Lebensereignis oder als so genannte „normative Krise", d. h. eine solche Krise kann als normal angesehen werden. Sie ist damit raus aus der Ecke einer Stigmatisierung, obwohl viele Betroffenen sie immer noch als ein persönliches Scheitern erleben.

Viele Menschen erleben ihre nächsten Beziehungen nach den schmerzlichen Trennungen als Erlösung, als verdienten Ausgleich für die erlittenen Qualen, als vollkommen neue Erfahrung, die sie glaubten in diesem Leben nicht mehr erleben zu dürfen, und sind so glücklich, wie sie es niemals zuvor waren. Das ist so und das ist zugleich der Wunsch all derer, die sich trennen, wenn sie nach ihrer persönlichen Zukunft gefragt werden. Noch einmal richtig verlieben und mit all den Erfahrungen der vergangenen Jahre die alten Fehler vermeiden und möglichst wenige neue machen! Soweit der Wunsch und das immerwährende Ideal.

Menschen gehen auch deshalb Paarbeziehungen ein, weil darin eine große Chance besteht, sich persönlich weiterzuentwickeln. Und sie beenden die Paarbeziehungen wieder, wenn sie in ihren persönlichen Entwicklungen durch den Partner oder die Partnerschaft chronisch blockiert werden. Insofern besteht durch eine Trennung immer auch die Chance zu einer persönlichen Weiterentwicklung. Voraussetzung dazu ist, dass man aus den Erfahrungen lernt und nicht der allzu simplen Vorstellung aufsitzt, sich von allen Problemen befreien zu können durch eine Trennung vom Partner. Denn: „Was man um jeden Preis in einer Beziehung zu vermeiden sucht, holt einen später wieder ein ...“(Willi, 173)

In Zweit-Ehen werden die Beziehungen meist komplexer und komplizierter, als jemals zuvor. Dies hängt nicht nur mit der Tatsache zusammen, dass häufig Kinder aus vorherigen Beziehungen vorhanden sind und eventuell noch eigene Kinder geplant sind. An solchen Zweit-Familien sind mehr Erwachsene und Kinder, mehr Großeltern, mehr ehemalige Partner mit ihren neuen Beziehungen, mehr Wohnungen, mehr Autos, mehr Wünsche, mehr Rücksichten, mehr Sensibilitäten und meist weniger Geld beteiligt als in allen vorherigen Beziehungen. Allein die Planung der Urlaube des nächsten Jahres kann alle ungelösten Konflikte aus allen beteiligten Familien mitsamt den dazugehörigen Gefühlen wieder hochkommen lassen und das gesamte System aller beteiligten Familienmitglieder für Wochen in ein Chaos stürzen. Flexibilität ist gefragt; flexible Grenzen, flexible Regelungen, flexible Beziehungen. Wer den Versuch macht, die neuen Familienbeziehungen auf der Basis von Prinzipien und harten Regeln aufzubauen, fährt einen Konfliktkurs, der dem komplexen Muster solcher neuen Familienbande nicht gerecht werden kann.

Das kritische Jahr in Erst-Ehen ist das dritte, in Zweit-Ehen und Stieffamilien ist es das zweite. Die Erwartungen sind höher, man lässt nicht mehr alles mit sich machen, denn diese Demut hat man schließlich hinter sich und zwar ein für alle Mal. Warum soll man sich solche Dinge gefallen lassen, die Schwierigkeiten der letzten Beziehung erscheinen dagegen schon wieder gering und lächerlich. Gestiegene Erwartungen passen schlecht zu sinkenden Toleranzen, denn dadurch werden die Spielräume enger, und die Folge davon sind vermehrte Konflikte, in denen die Anpassungsbereitschaften ebenfalls geringer sind. Durch solcherlei negative Spiralen steigen wiederum die Trennungswahrscheinlichkeit und zugleich die Angst davor, wieder zu scheitern und sich am Ende trennen zu müssen. Manche Menschen fühlen sich, als seien sie „vom Regen in die Traufe" gekommen. Hinzu kommen die Konflikte mit dem ehemaligen Partner. Die Konflikte mit dem Ex nach der Trennung drehen sich häufig um Geld, die Besuchskontakte der Kinder, die Beziehungen zu den neuen Partnern und Erziehungsthemen.

Das ist dann wieder der Alltag, in dem sich die neue Liebe bewähren muss. Das Spiel beginnt von vorn: neue Liebe und neues Glück. Die Probleme sind nicht unbedingt weniger, sondern eher andere, die Partner sind älter, aber dafür sind beide auch reifer und erfahrener. Wieder einmal gilt es, den Übergang von der überschwänglichen Idealisierung zur alltäglichen Realität zu bewältigen, die verliebte Liebe zur gelebten Liebe werden zu lassen.

12. Literatur

Albee, Edward (2003): Wer hat Angst vor Virginia Wolfe. Frankfurt a.M. (Fischer).

Alighieri, Dante (1974): Die göttliche Komödie. Frankfurt a.M. (Insel).

Becker, Jurek (1992): Amanda herzlos. Frankfurt a.M. (Fischer).

Bierhoff, Hans-Werner (2003): Dimensionen enger Beziehungen. In: Grau, Ina und Hans-Werner Bierhoff (Hg.): Sozialpsychologie der Partnerschaft. Berlin (Springer), S. 257–284.

Boccaccio (1980): Das Dekameron. Die siebente Geschichte des sechsten Tages. Frankfurt a.M. (Insel).

Bodenmann, Guy (2002): Beziehungskrisen erkennen, verstehen und bewältigen. Bern.

Bodenmann, Guy (2003): Die Bedeutung von Stress für die Partnerschaft. In: Grau, Ina und Hans-Werner Bierhoff (Hg.) (2003): Sozialpsychologie der Partnerschaft. Berlin (Springer).

Bruyn, Günter de (1999): Buridans Esel. Frankfurt a.M. (Fischer Taschenbuch Verlag)

Casanova, Giacomo Girolamo (1989): Aus meinem Leben. Stuttgart (Reclam).

Clement, Ulrich (2002): Systemische Sexualtherapie. In: Wirsching, Michael und Peter Scheib (Hg.) (2002): Paar- und Familientherapie. Berlin (Springer), S. 235–246.

DER SPIEGEL (27, 2005): Friedhof in den Schlafzimmern. Der Paartherapeut Wolfgang Hantel-Quitmann über die Sehnsucht nach Liebesaffären und das Phantom der großen Liebe. Hamburg (SPIEGEL-Verlag).

Fontane, Theodor (2002): Effi Briest. Stuttgart (Reclam).

Flaubert, Gustave (2003): Madame Bovary. Stuttgart (Reclam).

Goethe, Johann Wolfgang von (1957): Wilhelm Meister. In: Goethes Werke, Band 4. Hamburger Ausgabe (hg. von Erich Trunz). München (Beck).

Goethe, Johann Wolfgang von (2003): Die Wahlverwandtschaften. München (dtv).

Gottman, J. M. (1993): A theory of marital dissolution and stability. In: Journal of Family Psychology, 7, S. 57–75.

Grau, Ina, und Hans-Werner Bierhoff (Hg.) (2003): Sozialpsychologie der Partnerschaft. Berlin (Springer).

Grau, Ina (2003): Emotionale Nähe. In: Grau, Ina und Hans-Werner Bierhoff (Hg.): Sozialpsychologie der Partnerschaft. Berlin (Springer), S. 285–314.

Hantel-Quitmann, Wolfgang (1996): Beziehungsweise Familie. Band 1: Metamorphosen. Familienzyklen und Familienformen. Freiburg (Lambertus Verlag).

Hantel-Quitmann, Wolfgang (1996): Beziehungsweise Familie. Band 2: Grundlagen Von Freud zu Bateson. Theoretische, historische und methodische Grundlagen Freiburg (Lambertus Verlag).

Hantel-Quitmann, Wolfgang (1997): Beziehungsweise Familie. Band 3: Gesundheit und Krankheit. Freiburg (Lambertus Verlag).

Hantel-Quitmann, Wolfgang (1999): Beziehungsweise Familie. Band 4: Familiengeschichten. Freiburg (Lambertus Verlag).

Hantel-Quitmann, Wolfgang und Peter Kastner (Hg.) (2002): Die Globalisierung der Intimität. Die Zukunft intimer Beziehungen im Zeitalter der Globalisierung. Gießen (Psychosozial-Verlag).

Hantel-Quitmann, Wolfgang und Peter Kastner (Hg.) (2004): Der globalisierte Mensch. Gießen (Psychosozial-Verlag).

Hantel-Quitmann, Wolfgang (2005): Liebesaffären. Zur Psychologie leidenschaftlicher Beziehungen. Gießen (Psychosozial-Verlag).

Hahlweg, Kurt und Guy Bodenmann (2003): Universelle und indizierte Prävention von Beziehungsstörungen. In: Grau, Ina und Hans-Werner Bierhoff (Hg.) (2003): Sozialpsychologie der Partnerschaft. Berlin (Springer), S. 191–220.

Homer (1988): Ilias. Odyssee. München (dtv).

Kast, Verena (1984): Paare: Beziehungsphantasien oder wie Götter sich in Menschen spiegeln. Zürich (Kreuzverlag).

Kernberg, Otto (1999): Liebesbeziehungen. Normalität und Pathologie. Stuttgart (Klett-Cotta).

Küpper, Beate (2003): Was unterscheidet Singles und Paare? In: Grau, Ina und Hans-Werner Bierhoff (Hg.): Sozialpsychologie der Partnerschaft. Berlin (Springer), S. 79–110.

Laclos, Choderlos de (1985): Gefährliche Liebschaften. Zürich (Diogenes).

Lösel, Friedrich und Doris Bender (2003): Theorien und Modelle der Paarbeziehung. In: Grau, Ina und Hans-Werner Bierhoff (Hg.) (2003): Sozialpsychologie der Partnerschaft. Berlin (Springer), S. 43–75.

Marquez, Gabriel Garcia (2004): Die Liebe in den Zeiten der Cholera. Frankfurt a.M. (Fischer).

Marquez, Gabriel Garcia (2004a): Erinnerung an meine traurigen Huren Köln (Kiepenheuer und Witsch).

Matt, Peter von (2001): Liebesverrat. Die treulosen in der Literatur. München (dtv).

Moeller, Michael Lukas (1996): Über die Liebe. Vortrag auf dem Weltkongress für Psychotherapie, München. Videoaufzeichnung.

Morrison, Toni (2004): Liebe. Reinbek (Rowohlt).

Ortheil, Hanns-Josef (2003): Die große Liebe. München (Luchterhand).

Ovid (1990): Orpheus und Eurydice. In: Ovid: Metamorphosen. Frankfurt a.M. (Insel).

Roth, Philip (2002): Der menschliche Makel. München (Hanser).

Rusbult, C. E., S. M. Drigotas, und J. Verette (1994): The investment model: An interdependence analysis of commitment processes and relationship maintenance phenomena. In: Canary, D. J., und L. Stafford (Hg) (1994): Communication and relational maintenance. San Diego (Academic Press), S. 115–139.

Schmidbauer, Wolfgang (2002): Die heimliche Liebe. Ausrutscher, Seitensprung, Doppelleben. Reinbek (Rowohlt).

Schmidt, Gunter (1986): Das große DER DIE DAS. Über das Sexuelle. Herbstein (März).

Schmölders, Claudia (2000): Erfindungen der Liebe. Berühmte Zeugnisse aus drei Jahrtausenden. Frankfurt a.M. (Insel).

Schneewind, Klaus, und Eva Wunderer (2003): Prozessmodelle der Partnerschaftsentwicklung. In: Grau, Ina und Hans-Werner Bierhoff (Hg.) (2003): Sozialpsychologie der Partnerschaft. Berlin (Springer), S. 221–255.

Shakespeare, William (2002): Romeo und Julia. Stuttgart (Reclam).

Sichtermann, Barbara (2003): Die berühmtesten Liebespaare. Hildesheim (Gerstenberg).

Stolze, Helmuth (1982): Ödipale Situation, ödipaler Konflikt, Ödipuskomplex. In: Eicke, Dieter (Hg.) (1982): Kindlers Psychologie des 20. Jahrhunderts. Tiefen-Psychologie. Band 1: Sigmund Freud: Leben und Werk. Weinheim und Basel (Beltz).

Sydow, Kirsten von (2005): Wilkommen im Club! Weinheim (Psychologie heute).

Tolstoi, Leo (2004): Anna Karenina. München (dtv).

Tucholsky, Kurt (1992): Der andere Mann. In: Gedichte. Reinbek (Rowohlt).

Updike, John (2004): Wie war's wirklich? Erzählungen. Reinbek (Rowohlt).

Vargas Llosa, Mario (2004): Das Paradies ist anderswo. Frankfurt a.M. (Suhrkamp).

Walster, E. u. a. (1978): Equity: theory and research. Boston (Allyn & Bacon Inc.).

Willemsen, Roger (1989): Nachwort. In: Casanova, Giacomo Girolamo (1989): Aus meinem Leben. Stuttgart (Reclam), S. 491–501.

Willi, Jürg (1991): Was hält Paare zusammen? Reinbek (Rowohlt).

Willi, Jürg (2002): Psychologie der Liebe. Persönliche Entwicklung durch Partnerbeziehungen. Stuttgart (Klett-Cotta).

Willi, Jürg und Bernhard Limacher (Hg.) (2005): Wenn die Liebe schwindet. Möglichkeiten und Grenzen der Paartherapie. Stuttgart (Klett-Cotta).

Winter, Leon de (2002): Leo Kaplan. Zürich (Diogenes).

Wirsching, Michael und Peter Scheib (Hg.) (2002): Paar- und Familientherapie. Heidelberg (Springer).

Yalom, Irving (2005): Die Schopenhauer-Kur. München (btb).